VIVER SIGNIFICATIVAMENTE, MORRER COM ALEGRIA

Ordem sugerida, para iniciantes, de estudo ou de leitura dos livros de Venerável Geshe Kelsang Gyatso Rinpoche

Como Transformar a sua Vida
Como Entender a Mente
Caminho Alegre da Boa Fortuna
O Espelho do Dharma com Adições
Novo Coração de Sabedoria
Budismo Moderno
Solos e Caminhos Tântricos
Novo Guia à Terra Dakini
Essência do Vajrayana
As Instruções Orais do Mahamudra
Grande Tesouro de Mérito
Novo Oito Passos para a Felicidade
Introdução ao Budismo
Como Solucionar Nossos Problemas Humanos
Contemplações Significativas
O Voto Bodhisattva
Compaixão Universal
Novo Manual de Meditação
Viver Significativamente, Morrer com Alegria
Oceano de Néctar
Joia-Coração
Clara-Luz de Êxtase
Mahamudra-Tantra

Este livro é publicado sob os auspícios do
Projeto Internacional de Templos da NKT-IKBU,
e o lucro recebido com a sua venda está direcionado para
benefício público através desse fundo.
[Reg. Charity number 1015054 (England)]
Para mais informações:
www.tharpa.com/br/beneficie-todos

Venerável Geshe Kelsang
Gyatso Rinpoche

Viver Significativamente, Morrer com Alegria

A PROFUNDA PRÁTICA DA TRANSFERÊNCIA DE CONSCIÊNCIA

1ª edição

EDITORA THARPA
BRASIL • PORTUGAL
São Paulo, 2023

Primeira edição em língua portuguesa em 2007.
Reimpresso em 2014, 2016, 2019 e 2023.

Título original:
Living Meaningfully, Dying Joyfully: The Profound
Practice of Transference of Consciousness

Tradução do original autorizada pelo autor.

Tradução, Revisão e Diagramação Tharpa Brasil

Design da capa: NTK-UBKI

ISBN 978-65-86468-31-1 – brochura
ISBN 978-65-86468-30-4 – ePub
ISBN 978-65-86468-29-8 – kindle

Dados Internacionais de Catalogação na Publicação (CIP)

Kelsang, Gyatso (Geshe), 1931-2022
Viver significativamente, morrer com alegria / Geshe Kelsang Gyatso; tradução Tharpa Brasil – 1. ed. – São Paulo: Tharpa Brasil, 2006.
284p.: 14 x 21 cm

Título original em inglês: Living meaningfully, dying joyfully

ISBN 978-65-86468-31-1
1. Budismo 2. Carma 3. Meditação I. Título.
05-9278 CDD-294.3

Índices para catálogo sistemático:
1. Budismo: Religião 294.3

2023

EDITORA THARPA BRASIL
Rua Artur de Azevedo 1326
05404-003 - São Paulo, SP
Fone: +55 11 989595303
www.tharpa.com/br

EDITORA THARPA PORTUGAL
Rua Moinho do Gato, 5
2710-661 - Várzea de Sintra, Sintra
Fone: +351 219 231 064
www.tharpa.pt

Sumário

Ilustrações

Buda Shakyamuni

Introdução

Não há nada mais precioso do que a nossa vida humana. O fato de termos nascido como um ser humano nos dá imensa liberdade para fazer praticamente tudo o que desejamos. Podemos nos tornar um poderoso político, um empresário bem-sucedido, um grande cientista ou um artista famoso. Podemos viajar mundo afora, ir à lua ou optar por uma simples vida familiar. Diante de tamanha liberdade, devemos nos perguntar qual é a maneira mais significativa de usar nossa vida. O que pode nos tornar realmente felizes? O que irá beneficiar mais os outros? E quando esta vida chegar ao fim, o que nos ajudará?

Se nos questionarmos de modo sincero e profundo, descobriremos que a melhor maneira de tornar nossa vida significativa é dedicá-la ao desenvolvimento espiritual. Isso quer dizer, em essência, eliminar nossos estados mentais negativos e deludidos e cultivar estados positivos e serenos. Fazendo disso nossa prioridade, as mentes negativas, como raiva, inveja, apego, orgulho e ignorância – fonte de todos os nossos problemas –, diminuirão gradualmente, e nossas qualidades positivas, como amor, compaixão e sabedoria, irão crescer. Como resultado, desfrutaremos de uma vida calma e feliz, livre de ansiedade e problemas e, naturalmente, beneficiaremos os outros. A prática espiritual é o que dá sentido à nossa vida e, aplicando-a na hora da morte, poderemos morrer com alegria e ter felicidade pura e duradoura em todas as nossas vidas futuras. Por fim, conseguiremos transcender as limitações de uma existência comum e atingir o mais elevado de todos os estados, a plena iluminação.

Se não nos lembrarmos da morte durante a vida, quando a hora da nossa morte chegar, descobriremos subitamente que todas as nossas riquezas e posses, amigos e parentes não poderão nos ajudar. Como não nos fortalecemos interiormente com a prática espiritual, vamos sentir um profundo arrependimento por ter desperdiçado nossa vida e ficaremos com medo do que vai nos acontecer durante e depois da morte. Porém, será tarde demais para derramar lágrimas. Estaremos na mesma situação de Mondrol Chödak, um tibetano que era muito admirado por suas inúmeras habilidades e talentos mundanos. Ele levou uma vida muito ocupada, viajando de um lugar a outro e encontrando muitas pessoas, mas quando subitamente se deparou com a morte, pensou: "Fiz tantas coisas na vida! Foram tantos os negócios e as atividades mundanas. E agora? Nada disso me serve. Dizem que sou muito esperto, mas na verdade sou incrivelmente estúpido. Negligenciei a única coisa que poderia me ajudar neste momento, minha prática espiritual. Desperdicei minha vida inteira em coisas que não trazem verdadeiro benefício". Sentindo forte remorso, ele chorou e foi com esse estado de espírito infeliz que faleceu.

Morrer dessa maneira, com remorso, não é algo incomum. Para evitar que nossa vida termine de modo tão triste e sem sentido, devemos lembrar constantemente que nós também teremos que morrer. Contemplar nossa própria morte inspira-nos a usar esta vida de modo mais sábio, cultivando o refúgio interior das realizações espirituais; caso contrário, não conseguiremos nos proteger contra os sofrimentos da morte e do que vem depois dela. Além disso, quando alguém próximo de nós, como um amigo ou parente, estiver morrendo, nos sentiremos impotentes para ajudar porque não saberemos como fazê-lo, e essa inabilidade em prestar ajuda verdadeira nos deixará cheios de tristeza e frustração. Preparar-se para a morte é uma das coisas mais sábias e melhores que podemos fazer, tanto por nós como pelos outros.

Este mundo não é nossa casa. Somos viajantes, estamos de passagem. Viemos da nossa vida anterior e, em poucos anos ou dias, nos mudaremos para a nossa próxima vida. Entramos neste mundo sozinhos e de mãos vazias e vamos sair dele sozinhos e de mãos vazias. Tudo o que adquirimos nesta vida, inclusive nosso próprio corpo, terá de ser deixado para trás. As únicas coisas que podemos levar de uma vida para outra são as marcas das ações positivas e negativas que criamos. Se ignorarmos a morte, desperdiçaremos nossa vida com coisas que serão deixadas para trás, criaremos muitas ações negativas e viajaremos para a próxima vida sem nada, a não ser um pesado fardo de carma negativo.

Por outro lado, se basearmos nossa vida numa percepção realista da nossa mortalidade, daremos mais importância para o desenvolvimento espiritual do que para as aquisições mundanas e veremos nossa permanência neste mundo, principalmente, como uma oportunidade para cultivar mentes virtuosas, como paciência, amor, compaixão e sabedoria. Motivados por essas mentes virtuosas, praticaremos muitas ações positivas e dessa forma criaremos causas de felicidade futura. Quando a hora da nossa morte chegar, seremos capazes de morrer sem medo ou remorso, pois nossa mente estará fortalecida pelo carma virtuoso que criamos.

Os Professores Kadampa dizem que sentir medo na hora da morte é inútil; a hora de temer a morte é enquanto somos jovens. A maioria das pessoas faz o inverso: enquanto são jovens pensam "não vou morrer" e vivem imprudentemente, sem se preocupar com a morte mas, quando a morte chega, ficam aterrorizadas. Se temermos a morte agora, usaremos nossa vida significativamente praticando ações virtuosas e evitando as não virtuosas, criando assim causas para um renascimento afortunado. Quando a morte realmente chegar, nos sentiremos como uma criança que retorna à casa dos pais e morreremos com alegria, sem medo. Faremos como Lama Longdöl, um mestre budista tibetano que viveu até uma idade avançada. Quando sua hora de morrer chegou, ele estava exultante. Perguntado sobre o porquê de tanta alegria, respondeu: "Se morrer esta manhã, renascerei hoje à noite numa Terra Pura. Minha vida futura será muito superior à que tenho agora". Lama Longdöl havia se preparado cuidadosamente para morrer e escolhido o lugar específico do seu renascimento. Se usarmos nossa vida para nos dedicar puramente à prática espiritual, poderemos fazer o mesmo.

Todos nós sabemos intelectualmente que vamos morrer um dia, mas em geral relutamos tanto em pensar sobre nossa morte que tal conhecimento não toca nosso coração, e vivemos a vida como se fôssemos ficar para sempre neste mundo. Consequentemente, as coisas deste mundo – como posses materiais, reputação, popularidade e prazeres sensoriais – assumem extrema importância, de modo que devotamos quase todo o nosso tempo e energia para obtê-las e cometemos muitas ações negativas em seu nome. A preocupação com os interesses desta vida é tão grande que há pouco espaço em nossa mente para uma prática espiritual genuína. Quando a morte chega descobrimos que, por tê-la ignorado durante toda a vida, estamos completamente despreparados para enfrentá-la.

O que é a morte? É o cessar da conexão entre a mente e o corpo. A maioria das pessoas pensa que a morte acontece quando o coração para de bater; mas isso não quer dizer que o indivíduo tenha morrido, pois sua mente sutil ainda pode estar no corpo. A morte ocorre quando a consciência sutil finalmente deixa o corpo e vai para a próxima vida. Nosso corpo é como um hotel, e a mente como um hóspede; quando morremos, a mente tem que deixar este corpo e ingressar no corpo da próxima vida, como um hóspede que sai de um hotel e vai para outro.

A mente não é algo físico nem um subproduto de processos puramente fisiológicos, mas um continuum sem forma, que é uma entidade separada do corpo. Quando o corpo se desintegra na morte, a mente não cessa. O que cessa é a mente consciente superficial, mas ela o faz dissolvendo-se num nível de consciência mais profundo, a mente muito sutil; e o continuum da mente muito sutil não tem início nem fim. Esta é a mente que, depois de totalmente purificada, se transformará na mente onisciente de um Buda.

Em sânscrito, Buda significa "O Desperto" – aquele que despertou do sono da ignorância e está livre do sonho das aparências equivocadas. Desde tempos sem início, os seres sencientes têm estado enredados no pesadelo do samsara porque nunca despertaram do sono da ignorância, uma vez que não compreenderam que todo o sofrimento é apenas uma criação da sua própria mente confusa. É somente por meio das realizações dos ensinamentos de Buda, conhecidos como Dharma, que conseguiremos acordar deste sonho de sofrimento, o samsara. Essas realizações são nossa verdadeira proteção interior contra o sofrimento. Aqueles que obtiveram realizações de Dharma são conhecidos como Sangha e formam a comunidade espiritual que ajuda nossa prática e nos dá um bom exemplo a ser seguido. Por serem muito preciosos, Buda, Dharma e Sangha são conhecidos como as Três Joias.

Buda disse que toda ação deixa uma marca em nossa mente muito sutil, e que cada uma dessas marcas dá origem ao seu próprio efeito. Nossa mente é como um campo, e executar ações é como plantar sementes nele. Ações virtuosas, ou positivas, semeiam felicidade futura, e ações não virtuosas, ou negativas, semeiam sofrimento futuro. As sementes que plantamos no passado permanecem em estado dormente até que as condições necessárias para seu amadurecimento se reúnam. Em alguns casos, isso pode acontecer muitas vidas depois da ação original ter sido realizada.

As sementes que amadurecem quando morremos são muito importantes porque determinam o tipo de renascimento que teremos. A semente específica que amadurecerá na morte depende do nosso estado mental ao morrer. Se morrermos com uma mente serena, uma semente virtuosa será estimulada, e teremos um renascimento afortunado. Porém, se morrermos com a mente agitada, por exemplo em estado de raiva, uma semente não virtuosa será estimulada, e experienciaremos um renascimento desafortunado. Isso é semelhante ao modo como os pesadelos surgem de um estado mental agitado logo antes de dormir.

A escolha dessa analogia não é acidental, pois o processo de dormir, sonhar e despertar é muito parecido com o processo de morrer, passar pelo estado intermediário e renascer. Conforme adormecemos, os ventos-energia interiores que sustentam as mentes densas se reúnem e se dissolvem dentro de nós. Como resultado, nossa mente se torna cada vez mais sutil até se transformar na mente muito sutil da clara-luz do sono. Enquanto a clara-luz do sono está manifesta, experimentamos o sono profundo e, aos olhos dos outros, parecemos mortos. Quando a clara-luz do sono cessa, nossa mente se torna cada vez mais densa, e passamos pelos diversos estágios do estado de sonho. Por fim, nossas faculdades normais de memória e de controle mental são restauradas e acordamos. Quando isso acontece, nosso mundo do sonho desaparece, e nosso mundo do estado desperto aparece.

Um processo muito parecido acontece quando morremos. Conforme morremos, nossos ventos-energia se dissolvem dentro de nós, e nossa mente torna-se progressivamente mais sutil até a manifestação da mente muito sutil da clara-luz da morte. A experiência da clara-luz da morte é muito similar à do sono profundo. Quando a clara-luz da morte cessa, experienciamos as etapas do estado intermediário, ou bardo em tibetano – um estado semelhante a um sonho que acontece entre a morte e o renascimento. Passados alguns dias ou semanas, o estado intermediário termina e renascemos. Assim como, ao acordar, o mundo do sonho desaparece e percebemos o mundo do estado desperto, ao renascer as aparências do estado intermediário cessam e o mundo da nossa próxima vida aparece.

A única diferença significativa entre esses dois processos é que, após o cessar da clara-luz do sono, a conexão entre a mente e nosso corpo atual continua intacta, ao passo que após o cessar da clara-luz da morte, ela é rompida.

Enquanto estamos no estado intermediário, experienciamos diferentes visões que surgem das sementes cármicas que foram ativadas imediatamente antes da morte. Se estas forem negativas, as visões serão aflitivas como num pesadelo; se forem positivas, as visões serão agradáveis. Em ambos os casos, quando as sementes cármicas tiverem amadurecido o suficiente, elas nos impulsionarão a renascer nos reinos inferiores ou superiores do samsara.

Quando pensamos na morte, tendemos a imaginá-la como algo que só acontece com os outros mas, na realidade, é claro que cedo ou tarde nós também vamos morrer. A hora da nossa morte é completamente incerta; não há garantias de que não morreremos hoje. Quando, por contemplar cuidadosamente as explicações anteriores, compreendermos com clareza a existência de vidas futuras, entenderemos que elas não têm fim. Perceberemos, então, que a felicidade das vidas futuras é muito mais importante que a felicidade desta vida, e que seus sofrimentos são muito piores. Por maior que seja nosso sofrimento atual, ele sempre será apenas o sofrimento de uma única vida, e sua duração é muito curta, como um sonho que passa rápido. Por outro lado, uma vez que nossas vidas futuras são incontáveis, o sofrimento potencial dessas vidas é infinito e, se não fizermos nada agora para prevenir nosso sofrimento futuro, ele vai durar para sempre. Pensando profundamente sobre isso, reconheceremos a importância de não desperdiçar nossa preciosa vida humana e de nos dedicar às práticas espirituais que vão nos preparar para a morte.

Todos os seres vivos têm dois desejos básicos – ser felizes o tempo todo e se livrarem por completo de sofrimentos e problemas. Satisfaremos tais desejos seguindo as instruções apresentadas neste livro. Colocando-as sinceramente em prática, podemos transcender nossa vida comum, fazer progressos espirituais genuínos e até alcançar o mais elevado de todos os estados, a plena iluminação. Além disso, se aplicarmos essas instruções quando estivermos morrendo, morreremos com alegria e conheceremos uma felicidade duradoura em todas as nossas vidas futuras.

PARTE UM

Praticar o Powa para Beneficiar a Nós e aos Outros

Buda Completo Subjugador com a Essência do Vajra

Buda Joia de Luz Radiante

Buda Poderoso Rei dos Nagas

As Práticas Preliminares

O que é *powa*, ou transferência de consciência? Powa é um método pelo qual meditadores realizados transferem sua consciência para um renascimento mais elevado. Na hora da morte, nossa mente sai do corpo naturalmente, mas em geral não é capaz de escolher seu próximo renascimento. Praticantes experientes de powa, contudo, podem escolher seu renascimento e dirigir sua consciência para um estado mais elevado na hora da morte.

A prática do powa foi ensinada inicialmente por Buda Vajradhara em textos tântricos, como os *Tantras Vajradaka*, *Pequeno Sambara* e *Sambuddha*. Diversos mestres budistas indianos confiaram nessas fontes para orientar sua prática de powa, e o Mahasiddha Naropa explicou uma prática especial de powa em seu texto *Seis Iogas*. Mais tarde, o powa floresceu amplamente no Tibete, e uma tradição viva dessas instruções continua a existir até os dias de hoje.

Buda ensinou a prática de powa para quem ainda não ingressou no caminho à libertação ou para quem acumulou muitas ações não virtuosas. Praticando o powa sinceramente, essas pessoas podem evitar um renascimento nos reinos inferiores e transferir sua consciência para a Terra Pura de um Buda; isso vale, inclusive, para quem tenha levado uma vida nefasta ou desregrada.

Em uma Terra Pura búdica tudo é puro; não há sofrimentos, ambientes contaminados nem prazeres impuros. Quem nasce ali está livre de doença, envelhecimento, pobreza, guerra, danos causados por fogo, água, terra, vento e assim por diante. Esses seres possuem a habilidade de controlar sua morte e renascimento e experienciam maleabilidade física e mental durante toda a vida. O simples fato de estar nessas terras causa uma profunda experiência de êxtase. Além disso, todos os que vivem numa Terra Pura têm a oportunidade de receber ensinamentos e bênçãos diretamente do Buda daquele lugar.

Como os seres de uma Terra Pura são capazes de controlar sua morte e renascimento, eles também podem ter qualquer tipo de renascimento que julguem apropriado para beneficiar os outros. Se quiserem, poderão renascer como ser humano e escolher seu local de nascimento, pais, família e assim por diante em função de suas conexões cármicas.

Existem diferentes práticas de powa, como as de Amitabha, Tara, Avalokiteshvara, Heruka e Vajrayogini. O powa apresentado aqui é o de Avalokiteshvara, o Buda da Compaixão. Esse powa cumpre a mesma função que os powas de Heruka e de Vajrayogini, porque todos eles são Budas da compaixão. Nossa habilidade de usar o powa para ajudar quem está morrendo ou morreu recentemente depende da força da nossa compaixão, e uma poderosa causa para desenvolvê-la é confiar sinceramente em Avalokiteshvara. Se tivermos forte compaixão por todos os seres vivos, não há dúvida de que poderemos ajudá-los. Além disso, expandir nossa compaixão para todos os seres vivos é um poderoso método para purificar nossa mente e, com uma mente pura, alcançaremos com facilidade a Terra Pura de um Buda.

A explicação de como praticar o powa de Buda Avalokiteshvara será apresentada em quatro partes:

1. Fazer as práticas preliminares
2. Treinar a meditação powa
3. Aplicar a prática do powa na hora da morte
4. Aplicar o powa para beneficiar os outros

FAZER AS PRÁTICAS PRELIMINARES

O sucesso da nossa meditação do powa depende das práticas de purificar negatividades, acumular mérito e receber bênçãos dos Budas. Podemos realizá-las por meio das práticas preliminares.

Estas se dividem em duas partes:

1. A prática durante a sessão de meditação
2. A prática no intervalo entre meditações

A PRÁTICA DURANTE A SESSÃO DE MEDITAÇÃO

O treino nas práticas preliminares e na meditação do powa pode ser feito com a sadhana *Via à Terra Pura*, que se encontra no apêndice II. De acordo com essa sadhana, a prática durante a sessão de meditação divide-se em sete partes:

1. Buscar refúgio e gerar a bodhichitta
2. Visualizar Arya Avalokiteshvara
3. Prece dos sete membros
4. Oferecer o mandala
5. Pedir os cinco grandes significados
6. Recitação do mantra
7. Os três reconhecimentos

BUSCAR REFÚGIO E GERAR A BODHICHITTA

Inicialmente, imaginamo-nos rodeados por todos os seres vivos dos seis reinos – os deuses, semideuses e seres humanos dos três reinos superiores, e os animais, espíritos famintos e seres-do-inferno dos três reinos inferiores. Por ser auspicioso, devemos visualizar todos eles como humanos, sabendo, contudo, que pertencem aos seis reinos, cada qual experienciando seus sofrimentos específicos.

Enfocando todos eles, pensamos:

Esses incontáveis seres, que são todos minhas mães, têm que experienciar o sofrimento da morte e do renascimento descontrolados repetidamente, vida após vida. Que maravilhoso se todos pudessem alcançar a libertação permanente desse sofrimento. Que eles alcancem a libertação.

Depois de gerar esse sentimento de compaixão do fundo do coração, meditamos sobre ele pelo maior tempo possível. Essa prática é um poderoso método para purificar nossa mente.

A seguir contemplamos:

A libertação permanente do sofrimento só poderá ser alcançada se confiarmos sinceramente nas Três Joias: os seres iluminados, a Joia Buda; as realizações espirituais, a Joia Dharma; e os Bodhisattvas Superiores, a Joia Sangha. Para libertar todos os seres sencientes-mães dos seus sofrimentos, tenho que alcançar o estado das Três Joias como meu refúgio último. Obtendo realizações espirituais, vou me tornar um Bodhisattva Superior e, por fim, um ser iluminado.

Mantendo essa determinação com firmeza, recitamos três vezes a prece de buscar refúgio e de gerar bodhichitta.

VISUALIZAR ARYA AVALOKITESHVARA

Acima da nossa coroa e da coroa de todos os seres ao nosso redor, imaginamos que a compaixão dos Budas aparece sob o aspecto de uma letra HRIH em pé sobre um lótus branco e um assento de lua. A letra HRIH se transforma em Avalokiteshvara, a manifestação de todos os seres iluminados.

Ele tem um corpo branco, a natureza de luz-sabedoria, e quatro mãos, indicando que completou as realizações das quatro nobres verdades. As duas primeiras mãos, no mudra da prece, seguram uma joia na altura do coração; a joia simboliza a preciosa iluminação, e o mudra da prece revela o respeito que sente por seu Guia Espiritual, Buda Amitabha, que está na coroa da sua cabeça. A segunda mão direita segura um mala de cristal, indicando que ele tem a habilidade de livrar todos os seres vivos do samsara, o ciclo de morte e renascimento descontrolados. A segunda mão esquerda segura uma flor de lótus branca, símbolo da pureza de seu corpo, fala e mente.

Avalokiteshvara veste sedas preciosas e está adornado com ornamentos de joias deslumbrantes. Sua coroa está adornada com

Buda Amitabha. Senta-se sobre um assento de lótus e lua, com as pernas cruzadas em postura vajra. A pele de antílope que cobre a parte superior do seu corpo não é real, mas uma manifestação da sua mente compassiva, e indica que compaixão é a verdadeira natureza de Avalokiteshvara. Reconhecemos que ele é o mesmo continuum mental que nosso Guia Espiritual e a síntese de todos os Budas. Meditamos sobre essa visualização sem distrações.

Imaginamos também que a terra inteira está repleta de seres vivos envolvidos nas três atividades – purificar negatividades, acumular mérito e receber bênçãos dos Budas –, e que acima deles o espaço está permeado por seres iluminados, que concedem suas bênçãos.

PRECE DOS SETE MEMBROS

Para purificar nosso carma negativo, acumular mérito e receber bênçãos, praticamos agora a prece dos sete membros: prostração, oferenda, confissão, regozijo, rogar a permanência dos seres sagrados, pedir que a Roda do Dharma seja girada e dedicatória.

PROSTRAÇÃO

Com profunda fé nos seres sagrados que estão no espaço acima de nós, imaginamos que, de cada poro do nosso corpo emanamos outros corpos, e que de cada poro desses corpos emanamos muitos outros, até que esses corpos emanados preencham o mundo inteiro. Acreditamos firmemente que todos esses incontáveis corpos se prostram aos seres sagrados e nos concentramos nisso por alguns momentos.

OFERENDA

Lembramos que, do lado do objeto, não existe nem um ínfimo átomo de forma e concentrando-nos profundamente nisso, dissolvemos todas as aparências da forma na vacuidade, a natureza última da forma. Do mesmo modo, lembramos que sons, odores, sabores e objetos táteis não existem do seu próprio lado e, concentrando-nos profundamente nisso, dissolvemos todas as aparências de sons, odores, sabores e objetos táteis na vacuidade, a natureza última de todos eles.

Imaginamos, então, que a natureza última de todas as formas que existem nos infinitos mundos aparece sob o aspecto de incontáveis deusas Rupavajra – deidades femininas de cor branca, nascidas da sabedoria onisciente completamente misturada com a natureza última das formas; essas formosas deusas permeiam todo o espaço e seguram espelhos que refletem o universo inteiro. Oferecemos todas elas a Avalokiteshvara, o Buda da Compaixão.

Depois, pensamos que a natureza última de todos os sons dos infinitos mundos aparece como incontáveis deusas Shaptavajra – deidades femininas azuis, nascidas da sabedoria onisciente completamente misturada com a natureza última dos sons; essas formosas deusas permeiam todo o espaço e seguram flautas, que produzem espontaneamente encantadora música. Oferecemos todas elas a Avalokiteshvara, o Buda da Compaixão.

Então imaginamos que a natureza última de todos os odores dos infinitos mundos aparece como incontáveis deusas Gändhavajra – deidades femininas amarelas, nascidas da sabedoria onisciente completamente misturada com a natureza última dos odores; essas formosas deusas permeiam todo o espaço e seguram lindas conchas repletas de perfumes especiais, cujo aroma se espalha pelo mundo inteiro. Oferecemos todas elas a Avalokiteshvara, o Buda da Compaixão.

Prosseguimos oferecendo incontáveis deusas Rasavajra – deidades femininas vermelhas, nascidas da sabedoria onisciente completamente misturada com a natureza última dos sabores. Elas seguram vasos preciosos repletos de néctar dotado com três características – é um néctar medicinal que cura todas as doenças, um néctar vital que supera a morte e um néctar sabedoria que destrói as delusões.

Finalmente, oferecemos incontáveis deusas Parshavajra – deidades femininas verdes, nascidas da sabedoria onisciente completamente misturada com a natureza última dos objetos táteis, que seguram preciosas vestes de toque supremamente macio.

Recebemos cinco benefícios ao fazer tais oferendas: 1) acumulamos grande mérito; 2) aperfeiçoamos nosso conhecimento sobre a visão profunda da vacuidade e, assim, acumulamos uma grande coleção de sabedoria; 3) geramos e aumentamos o grande êxtase; 4) purificamos aparências e concepções comuns; e 5) criamos a oportunidade de experienciar os ambientes e prazeres puros de um Buda.

Essa prática profunda de oferenda é o método para purificar nossos objetos de prazer, e o oferecimento do mandala explicado adiante, o método para purificar nosso ambiente. Juntas, essas práticas criam a causa para que renasçamos na Terra Pura de um Buda, com um corpo puro, experienciando prazeres e ambientes puros.

Enquanto temos esta preciosa vida humana, nossa meta principal deve ser a de alcançar a libertação permanente do sofrimento, o nirvana. Para tanto, precisamos obter as realizações dos três treinos superiores – disciplina moral superior, concentração superior e sabedoria superior. Entretanto, por causa das nossas fortes delusões e numerosos maus hábitos, achamos difícil obter essas realizações. A única outra possibilidade de nos livrar do sofrimento samsárico é renascendo na Terra Pura de um Buda por meio da prática do powa.

CONFISSÃO

Desde tempos sem início, temos criado muitas negatividades por meio das nossas ações corporais, verbais e mentais. Se tais ações amadurecerem, vamos ter incontáveis renascimentos como seres-do-inferno, espíritos famintos e animais. Além disso, nesta vida e em vidas passadas, quebramos diversas vezes nossos compromissos espirituais e as três categorias de votos – Pratimoksha, bodhisattva e tântricos. Como resultado dessas transgressões, nosso progresso espiritual sofre atrasos, e achamos mais difícil obter realizações. Nossa negatividade é, antes de tudo, um sério obstáculo ao renascimento numa Terra Pura. Com essa compreensão, geramos profundo arrependimento e tomamos a firme decisão de não repetir tais ações no futuro. Com base nessa decisão, purificamos nossas negatividades confessando-as a Avalokiteshvara, o Buda da Compaixão.

REGOZIJO

Para gerar a mente de regozijo, contemplamos:

> *Todos os seres iluminados foram, em algum momento, o que eu sou agora – um ser que vagava pelos caminhos do samsara, experienciando sofrimentos repetidamente. Contudo, aplicando grande esforço, eles ingressaram no caminho do Bodhisattva, progrediram em todas as suas etapas e, por fim, alcançaram o caminho do Não-Mais-Aprender, a plena iluminação de um Buda.*

Regozijando-nos profundamente com essas conquistas virtuosas, geramos a determinação de seguir seu exemplo e meditamos sobre ela.

ROGAR A PERMANÊNCIA DOS SERES SAGRADOS

Para tanto contemplamos:

> *Todos os Guias Espirituais, que conduzem os seres sencientes ao longo do caminho à libertação, são manifestações de Avalokiteshvara, a compaixão de todos os Budas. Se eles nunca mais aparecessem neste mundo não teríamos oportunidade de buscar refúgio e acumular mérito, e não haveria nenhum meio de escaparmos dos sofrimentos do samsara e conquistarmos pura felicidade. Do ponto de vista espiritual, o mundo estaria imerso em trevas.*

Para impedir que isso aconteça rogamos aos seres sagrados, os Budas, que permaneçam por incontáveis éons como emanações que conduzirão os seres sencientes ao longo do caminho espiritual. Essa prática é um método muito poderoso para acumular mérito e é extremamente importante para a felicidade futura dos seres sencientes.

PEDIR QUE A RODA DO DHARMA SEJA GIRADA

Atendendo aos pedidos feitos por Brahma e Indra para que girasse a Roda do Dharma, Buda deu muitos ensinamentos, que são os métodos para curar as doenças da mente, as delusões. Desde então, incontáveis seres sencientes alcançaram a libertação completa do sofrimento samsárico praticando sinceramente os ensinamentos de Buda. Para que todos continuem a se beneficiar da presença do Dharma neste mundo, nós também fazemos pedidos especiais aos seres sagrados para que ensinem o precioso Dharma.

DEDICATÓRIA

Há uma prece que diz:

> Por cavalgar o corcel da virtude,
> Dirigindo-o pelos caminhos corretos com as rédeas da dedicatória
> E instigando-o com o chicote do esforço alegre,
> Que todos os seres alcancem a cidade da grande libertação.

Uma vez que a conquista da grande libertação, ou iluminação, depende do florescimento do puro Budadharma, dedicamos todas as nossas virtudes para esse fim e rezamos para que todos os seres sencientes alcancem a grande iluminação. Em particular, dedicamos todas as nossas ações virtuosas para que possamos completar o caminho profundo da transferência de consciência, o powa.

OFERECER O MANDALA

Neste contexto, a palavra *mandala* significa universo. Quando ofertamos um mandala aos seres sagrados, oferecemos tudo o que existe – o universo inteiro, com todos os seus objetos e habitantes. Uma vez que o mérito que criamos ao fazer uma oferenda depende da natureza da oferenda, transformamos mentalmente todo o universo numa Terra Pura e imaginamos que ele está repleto de objetos preciosos. Em seguida, oferecemos esse universo puro, segurando-o em nossas mãos.

Certa vez uma criança encheu de pó uma vasilha e, imaginando que o pó era ouro, ofereceu-o a Buda Kashyapa. Como resultado dessa oferenda pura, a criança renasceu como o abastado rei Ashoka. Do mesmo modo, se oferecermos o mundo visualizado como uma Terra Pura, coberta de objetos requintados e símbolos preciosos, vamos experienciar ambientes e prazeres puros no futuro.

PEDIR OS CINCO GRANDES SIGNIFICADOS

Depois de oferecer a prece dos sete membros e o mandala, solicitamos os cinco grandes significados. Pedimos que Avalokiteshvara, que está em nossa coroa, ouça nossas preces:

Ó Arya Avalokiteshvara, Tesouro de Compaixão,
E todo o teu séquito, por favor, ouve-me.

A seguir, solicitamos o primeiro grande significado:

Por favor, liberta rapidamente a mim e a todas as minhas mães e pais,
As seis classes de seres vivos, do oceano do samsara.

Visualizando todos os seres vivos ao nosso redor e lembrando que eles foram nossas bondosas mães e pais incontáveis vezes, geramos grande compaixão e pedimos a Avalokiteshvara que os liberte dos sofrimentos dos seis reinos. Então fazemos o segundo pedido:

Por favor, gera rapidamente em nosso continuum mental
O vasto e profundo Dharma da insuperável bodhichitta.

Aqui, a palavra vasto significa as práticas do método, como a compaixão e a bodhichitta convencional, e profundo refere-se às práticas da sabedoria, como a sabedoria que realiza a vacuidade e a bodhichitta última. Para alcançar a iluminação, precisamos obter as realizações do método e da sabedoria; então, pedimos a Avalokiteshvara que nos abençoe para desenvolvermos rapidamente essas realizações em nosso continuum mental.

O terceiro pedido é:

Com teu compassivo néctar, por favor, purifica velozmente
O carma e a delusão que acumulamos desde tempos sem início.

Esse pedido é muito importante. Porque desde tempos sem início temos acumulado carma negativo sob a influência das delusões, agora pedimos a Avalokiteshvara que nos abençoe para que possamos purificar nossa mente com rapidez e nos livrar do carma negativo, sem o que não existe a possibilidade de completar o caminho espiritual e alcançar a plena iluminação.

O quarto pedido é:

E com tuas mãos compassivas, por favor, conduze-nos velozmente
Eu e todos os seres vivos à Terra Pura de Êxtase.

Se praticarmos o Dharma sinceramente nesta vida e obtivermos realizações estáveis, elas vão atuar como o powa supremo na hora da nossa morte e transferir nossa consciência para um renascimento elevado. Contudo, se não obtivermos realizações estáveis a tempo, teremos que confiar numa prática de powa para transferir nossa consciência a uma Terra Pura búdica, onde possamos completar nosso treino espiritual protegidos dos sofrimentos do samsara.

Com a quarta prece, pedimos que Avalokiteshvara nos conduza a uma Terra Pura. A Terra Pura específica na qual vamos renascer em consequência dessa prática dependerá das nossas conexões

Buda Líder dos Heróis

Buda Prazer Glorioso

Buda Joia Fogo

cármicas. Praticantes de Heruka e Vajrayogini renascerão na Terra Pura desses Budas devido à sua conexão cármica especial com eles, ao passo que praticantes de Avalokiteshvara ou de Amitabha renascerão na Terra Pura de Êxtase e assim por diante.

Por fim, fazemos o quinto pedido:

Ó Amitabha e Avalokiteshvara,
Em todas as nossas vidas, peço, sede nosso Guia Espiritual,
E revelando perfeitamente o caminho inequívoco,
Por favor, conduzi-nos velozmente ao estado da Budeidade.

Aqui estamos rezando para que em todas as nossas vidas futuras encontremos um Guia Espiritual que seja uma emanação de Amitabha e Avalokiteshvara, para podermos continuar praticando as etapas do caminho à iluminação até nos tornarmos um Buda plenamente iluminado.

É importante fazer esses pedidos com forte fé. Se repetirmos essa prática muitas vezes, é certo que um dia veremos Avalokiteshvara diretamente. O mestre budista indiano Chandrakirti estudava no grande monastério de Nalanda, onde frequentemente debatia com o estudioso Chandragomin. Chandrakirti era um monge e Chandragomin, um praticante leigo. Ambos eram professores famosos e tinham muitos seguidores mas, do ponto de vista convencional, sustentavam posições diferentes. Chandrakirti defendia a visão Madhyamika-Prasangika, e Chandragomin, a visão Chittamatrin. Seus debates se estendiam por vários dias e visavam simplesmente determinar quem estava certo ou errado, sem que houvesse interesse político nisso.

Em várias ocasiões, Chandragomin esteve perto de perder o debate, pois tinha dificuldade de responder às questões profundas de Chandrakirti. Nessas ocasiões, adiava sua resposta para o dia seguinte. Retirava-se então para o seu quarto e conversava diretamente com Avalokiteshvara, que lhe dava as respostas corretas. Chandrakirti supunha que Chandragomin estava consultando outros professores Chittamatrin e nunca imaginou que a ajuda pudesse vir diretamente de Avalokiteshvara.

Certa vez, Chandrakirti formulou uma pergunta particularmente difícil, para a qual Chandragomin não tinha resposta. Como de costume, Chandragomin disse: "Responderei amanhã". Ao ouvir isso, Chandrakirti retrucou: "Mas como responderás amanhã o que não consegues responder hoje?". Foi a vez de Chandragomin replicar: "Perguntarei a Avalokiteshvara e amanhã terei a resposta. Se não trouxer a resposta, vencerás o debate." Naquela noite, Chandrakirti dirigiu-se às escondidas ao quarto de Chandragomin e espiou pela janela. Para seu espanto, viu Chandragomin conversar diretamente com Avalokiteshvara! Chandragomin formulava perguntas, e Avalokiteshvara as respondia pacientemente. Chandrakirti, assombrado, gerou no mesmo instante o desejo de também se encontrar com Avalokiteshvara. Irrompeu no quarto de Chandragomin mas, naquele exato momento, a Deidade desapareceu.

Até então, Chandrakirti havia considerado Chandragomin como um praticante inferior, mas agora, vendo o quanto ele era puro, sentiu-se envergonhado por tê-lo tido em tão baixa conta. Voltou para seu quarto e fez intensas práticas de purificação. Praticou a sadhana de Buda Avalokiteshvara repetidamente durante muitos dias, com o forte desejo de encontrar-se diretamente com ele, tal como fazia Chandragomin. Passado algum tempo, começou a ter visões de Avalokiteshvara em sonhos e, encorajado por isso, praticou ainda mais fervorosamente, pedindo de coração que Avalokiteshvara aparecesse diante dele.

Então, um dia, Avalokiteshvara manifestou-se à sua frente. Maravilhado, Chandrakirti exclamou: "Agora, realmente poderei beneficiar os outros! Por favor, senta-te nos meus ombros para que eu possa mostrar-te a todas as pessoas da cidade". Avalokiteshvara ponderou que, embora Chandrakirti fosse capaz de vê-lo, os outros não o seriam. Chandrakirti, contudo, tanto insistiu que Avalokiteshvara acabou por concordar. Com Avalokiteshvara nos ombros, ele percorreu a cidade, conclamando as pessoas a virem admirar seu Guia Espiritual e fazer-lhe prostrações. Todos acharam que ele havia enlouquecido. Ninguém viu nada, exceto um homem com fortes obstruções cármicas, que viu um cachorro morto nos ombros de Chandrakirti, e uma vendedora de vinho, que enxergou o pé direito de Avalokiteshvara. Embora tenha sido um simples vislumbre, essa mulher imediatamente adquiriu elevada concentração e muita paz mental. Isso nos dá uma ideia de como é poderoso receber bênçãos de seres sagrados como Avalokiteshvara.

Ver seres sagrados, como Avalokiteshvara, Manjushri, Tara, Buda Shakyamuni ou Je Tsongkhapa, indica que nossa mente está se purificando e que estamos nos tornando seres puros. Essa pureza da mente advém de confiarmos sinceramente nesses seres sagrados e recebermos suas bênçãos. Há diversas outras histórias de praticantes fervorosos que receberam uma visão direta de Avalokiteshvara, como a de Bhikkshuni Palmo, uma monja plenamente ordenada que viu Avalokiteshvara enquanto fazia oferendas de mandala.

Se confiarmos com sinceridade em um Guia Espiritual que seja uma emanação de Buda Avalokiteshvara, poderemos por fim nos tornar um ser plenamente iluminado. A iluminação não é algo muito distante. Todos nós temos a natureza de Buda e, embora ela esteja encoberta por obstruções cármicas, podemos removê-las e alcançar o estado de um Buda por meio da prática sincera do Dharma.

A conquista da Budeidade é algo que vem de dentro; nossa mente sutil torna-se a mente de um Buda, e nosso corpo sutil torna-se o corpo de um Buda. Não precisamos procurar a Budeidade fora de nós.

RECITAÇÃO DO MANTRA

Imaginamos que, como resultado de nossos sinceros pedidos, dos corpos de todos os seres iluminados, que estão acima da nossa coroa sob a forma de Avalokiteshvara, irradiam-se raios de luz de seis cores: branca, verde, amarela, vermelha, azul e azul-escura. Essas luzes são manifestações dos Budas Vairochana, Amoghasiddhi, Ratnasambhava, Amitabha, Akshobya e Vajradhara respectivamente.

Os raios de luz alcançam os corpos e as mentes de todos os seres vivos nos seis reinos, inclusive os nossos. Aparências e concepções comuns são purificadas por completo, e nosso mundo – os seis reinos do samsara – é transformado na Terra Pura de Avalokiteshvara. Nosso corpo, fala e mente são transformados no corpo, fala e mente de Avalokiteshvara. Acreditamos que tudo é completamente puro – ambientes, prazeres, corpo e mente – e meditamos sobre essa aparência pura, sem distrações. Isso é uma prática de purificação suprema e o fundamento para a recitação do mantra.

Geramos, então, um reconhecimento especial de que tudo o que aparece para nós, tudo o que ouvimos e tudo o que concebemos é inseparável do Dharmakaya, ou Corpo-Verdade; nada existe separado do Dharmakaya. Enquanto retemos esse reconhecimento, recitamos o mantra de Avalokiteshvara, OM MANI PEME HUM, para receber bênçãos poderosas de todos os seres iluminados. O Dharmakaya é a Terra Pura interior de Buda. Assim, se mantivermos esse reconhecimento especial na hora da nossa morte, seguramente renasceremos na Terra Pura de um Buda. O Dharmakaya é definido como a união de êxtase e vacuidade que é completa pureza. Completa pureza é aquilo que é inteiramente livre das duas obstruções – as obstruções à libertação e as obstruções à onisciência.

O mantra tem seis letras, que são manifestações das seis famílias de Buda: Vairochana, Amoghasiddhi, Ratnasambhava, Amitabha, Akshobya e Vajradhara. Ele tem o poder especial de purificar as seis delusões – ignorância, apego, ódio, orgulho, inveja e avareza –, bem como de purificar os seres vivos dos seis reinos e conduzi-los à conquista das seis famílias de Buda. Recitando esse mantra com o reconhecimento especial anteriormente explicado, purificaremos aparências e concepções comuns e assim teremos a boa fortuna de desfrutar de uma Terra Pura, de um corpo puro e de uma mente pura.

A letra OM simboliza o corpo, a fala e a mente de Avalokiteshvara, e ao recitá-la estamos chamando por ele. MANI significa literalmente joia e, neste contexto, refere-se à iluminação. PEME significa lótus e refere-se à completa pureza. HUM é um pedido por aquisições. Assim, o mantra é uma prece a Avalokiteshvara para que conceda a conquista de completa pureza, ou seja, a iluminação.

OS TRÊS RECONHECIMENTOS

Para evitar aparências e concepções comuns, que são a raiz do samsara, depois de recitar o mantra, devemos manter continuamente os seguintes reconhecimentos: 1) todas as formas físicas, nossa e dos outros, são manifestações do corpo de Arya Avalokiteshvara; 2) todos os sons são manifestações do mantra de seis letras; e 3) toda atividade mental surge da grande excelsa sabedoria.

Quando estivermos enfatizando as práticas preliminares, concluiremos a sessão com a seguinte dedicatória:

> Por essa virtude, possa eu rapidamente
> Tornar-me o Buda da Compaixão,
> E então conduzir cada ser vivo
> Sem exceção a esse solo.
>
> Que a preciosa, suprema bodhichitta
> Cresça onde ainda não tenha crescido;
> Onde tenha crescido, possa ela não decrescer,
> Mas florescer para sempre.

A PRÁTICA NO INTERVALO ENTRE MEDITAÇÕES

O tempo que passamos fora da meditação denomina-se intervalo entre meditações. Como passamos a maior parte do nosso tempo fora da meditação, é muito importante usar esse período significativamente.

É possível que durante as sessões de meditação nos sintamos em paz, geremos boas intenções e determinações virtuosas; mas se nos esquecermos disso logo que a meditação acabar, nunca solucionaremos nossos problemas diários de raiva, apego e ignorância nem faremos progresso em nossa prática espiritual. Precisamos manter continuamente, dia e noite, a paz mental que desenvolvemos durante a meditação; para isso, temos que aprender como incorporar nossa prática espiritual em nossas atividades diárias. No intervalo entre meditações, devemos tentar acumular mérito, purificar falhas e não-virtudes e receber as bênçãos dos seres iluminados. Também devemos fazer as práticas de dar, disciplina moral, paciência, esforço alegre, concentração e sabedoria.

Para praticar o dar, podemos fazer oferendas, como as de água, flores, incenso, luz, perfume, comida e música diante das imagens dos seres iluminados, percebendo-os como Budas vivos. Podemos também dar dinheiro e outras coisas materiais aos pobres e necessitados ou, no mínimo, alimentar insetos, pássaros e outros animais. Devemos tentar dar amor afetuoso a todos aqueles que encontramos, sem exceção, e também dar destemor, salvando os seres que estiverem em perigo e ajudando-os a superar estados de medo, aflição ou infelicidade. Podemos, ainda, dar ensinamentos de Dharma e bons conselhos, além de dedicar nossas ações virtuosas para o benefício dos outros.

Devemos sempre guardar disciplina moral pura, evitando ações inadequadas, como matar, ferir, usar substâncias tóxicas ou quebrar nossos compromissos espirituais. É preciso tentar agir virtuosamente em relação a tudo o que pensamos, dizemos e fazemos, aproveitando todas as oportunidades para agir de maneiras que beneficiem os outros.

Nestes tempos degenerados, a prática mais importante para nós é a de paciência. A impaciência ocasiona inúmeros problemas e é um sério obstáculo à nossa vida espiritual. Se praticarmos paciência com sinceridade, não haverá base para problemas, sofrimentos ou obstáculos. Quando alguém atrapalha a realização dos nossos desejos ou nos prejudica, física ou verbalmente, não devemos nos deixar levar pela raiva, mas sim identificá-la como nosso verdadeiro inimigo. Dessa maneira, manteremos a mente sempre em paz.

Se formos pobres ou vitimados por catástrofes naturais, se estivermos doentes, separados daqueles que amamos ou passando por outras situações difíceis, devemos aceitar temporariamente tais adversidades com a mente feliz, considerando-as como uma purificação suprema. Devemos rezar com sinceridade:

Pela virtude de suportar voluntariamente meu sofrimento, que todos os seres vivos alcancem a libertação permanente dos seus sofrimentos.

Se dedicarmos nossa virtude de praticar paciência desse modo, nunca ficaremos desanimados e infelizes e conseguiremos manter nossa mente em paz, quaisquer que sejam nossos problemas.

Para não desperdiçar nossa preciosa vida humana, temos que abandonar a preguiça e investir grande esforço no estudo e na prática do sagrado Dharma de Buda – os ensinamentos que revelam todas as etapas da conquista última, a plena iluminação. Dessa maneira, avançaremos ao longo do caminho espiritual. Se formos preguiçosos, nada conseguiremos, mas se investirmos grande esforço poderemos alcançar nesta curta vida até a mais elevada meta, a grande iluminação.

Não devemos nos distrair, perder tempo com atividades sem sentido ou gerar intenções egoístas. Ao contrário, precisamos nos concentrar em apreciar os outros. Podemos transformar todas as nossas atividades diárias em caminho espiritual simplesmente modificando nossa intenção, ou motivação.

Por fim, é preciso conhecer por experiência própria o significado da vacuidade de pessoas e de fenômenos. Estudando ensinamentos autênticos e colocando-os em prática, aperfeiçoaremos nossa sabedoria. Compreenderemos qual a natureza última de todos os fenômenos e de que modo as coisas existem, além de cultivar compaixão, bodhichitta e assim por diante.

Se aliarmos todas as nossas atividades diárias com as práticas de dar, disciplina moral, paciência, esforço alegre, concentração e sabedoria, estaremos constantemente acumulando mérito, purificando negatividades e recebendo bênçãos dos seres sagrados. Essas são as condições supremas para alcançarmos nossa meta final.

Treinar a Meditação Powa

Como nas práticas preliminares, o treino na meditação powa também é feito com a sadhana *Via à Terra Pura*. Iniciamos cada sessão fazendo as preliminares, desde "buscar refúgio" até o final dos "três reconhecimentos", como explicado no capítulo anterior. Então passamos à meditação de transferência de consciência. Esse treino divide-se em cinco etapas:

1. Visualização
2. As três percepções
3. Pedidos
4. A meditação própriamente dita
5. Dedicatória

VISUALIZAÇÃO

Visualizamos que nosso corpo é feito de luz, translúcido como um arco-íris. Na coroa da nossa cabeça está Avalokiteshvara, que é o mesmo continuum mental que nosso Guia Espiritual e a síntese de todos os Budas. No coração de Guru Avalokiteshvara, o Dharmakaya de todos os Budas aparece sob a forma de uma joia oval de luz branca do tamanho de um polegar. Essa é a mente de Avalokiteshvara e a Terra Pura interior de Buda. Meditamos nessa visualização por algum tempo.

A seguir, no centro do nosso corpo, entre os ombros, mais próximo das costas do que da frente, visualizamos nosso canal central. Ele é translúcido, feito de luz vermelha e da espessura de uma flecha. Começa quatro dedos abaixo do umbigo e ascende pelo meio do corpo até nossa coroa. É macio, flexível e muito reto. Sua extremidade inferior é fina e sólida, como uma cauda de serpente mas, conforme ascende, torna-se oco e mais largo.

Buda Joia Luar

Buda Contemplações Significativas

Buda Joia Lua

Na nossa coroa, sua extremidade superior se une à porta inferior de Avalokiteshvara.

Dentro do canal central, na altura do coração, visualizamos nossa mente sob a forma de uma gota de luz branca cintilante com um matiz avermelhado, do tamanho aproximado de uma ervilha.

Agora, analisamos mentalmente todos os aspectos dessa visualização e tentamos percebê-los claramente. Começamos pelo nosso corpo de luz, depois examinamos o canal central, nossa mente-gota, Guru Avalokiteshvara em nossa coroa e, no coração dele, o Dharmakaya de todos os Budas sob a forma de uma joia oval de luz branca. A seguir, examinamos na ordem inversa, desde a joia oval até nosso corpo de luz. Repetimos essa meditação de exame, em ordem serial e inversa, até percebermos uma imagem genérica do conjunto da visualização e, então, meditamos sobre ela sem nos distrair.

Depois de meditar por algum tempo na imagem genérica completa, concentramo-nos principalmente em nossa mente-gota. Percebendo-a com clareza, pensamos "eu". Dessa maneira, mudamos a base de imputação do nosso eu. Anteriormente, a base para imputar o nosso eu era nossa mente e nosso corpo densos; agora, a nova base de imputação para o eu é nossa mente sutil e nosso corpo sutil, sob o aspecto da gota dentro do canal central, em nosso coração.

Nossa mente-gota pensa com intensidade:

Tenho que conquistar a libertação permanente do sofrimento, alcançando a Terra Pura de um Buda. Para isso, vou misturar minha mente com o Dharmakaya de todos os Budas, que é a verdadeira Terra Pura de Buda.

AS TRÊS PERCEPÇÕES

A seguir, geramos as três percepções:

Minha mente, a gota, é um viajante rumo à Terra Pura;
Meu canal central é a estrada;
O Dharmakaya de todos os Budas, no coração
de Avalokiteshvara, é minha destinação.

OFERECIMENTO DO MANDALA CURTO

Com estas percepções especiais oferecemos um mandala curto para Avalokiteshvara que está em nossa coroa, reconhecendo que ele é a síntese de todos os Budas e a mesma natureza que nosso Guia Espiritual.

PEDIDOS

Do fundo do nosso coração, fazemos os seguintes pedidos:

Ó Guru Avalokiteshvara, síntese de todos os Budas das dez direções,
Peço que afastes todos os meus obstáculos internos e externos.
Por favor, abençoa-me para completar o profundo caminho da transferência
E me conduz à suprema Terra Pura de Buda

A MEDITAÇÃO PROPRIAMENTE DITA

Imaginamos que, como resultado dos nossos pedidos unifocalizados, da joia oval de luz branca – o Dharmakaya de todos os Budas no coração de Avalokiteshvara – um gancho de luz branca desce pelo nosso canal central e alcança a mente-gota em nosso coração. Quando a gota é enganchada, impelimos nosso vento de esvaziamento descendente, fazendo o som "HIC" três vezes, o que serve para empurrar nossa mente-gota para cima.

Quando fazemos o primeiro HIC, cujo som deve vir de dentro do nosso corpo abaixo do umbigo, imaginamos que nossa mente-gota, no chakra do coração, está prestes a ascender, como um pássaro pronto para voar. Ao mesmo tempo, nosso corpo se dissolve na gota até a altura do coração.

Então, fazemos o segundo HIC, de dentro do nosso corpo no coração, e imaginamos que a mente-gota ascende ao centro do chakra da garganta, ao mesmo tempo que nosso corpo se dissolve na gota até a altura da garganta.

A seguir, fazemos o terceiro HIC, vindo do centro da garganta, e imaginamos que a mente-gota ascende ao centro do chakra da coroa, ao mesmo tempo que o restante do nosso corpo se dissolve na gota. Nossa mente-gota ingressa instantaneamente pela porta inferior de Avalokiteshvara e, ao alcançar seu coração, dissolve-se de modo inseparável no Dharmakaya de todos os Budas. Experienciamos a união de êxtase e vacuidade que é completa pureza, e sentimos ter alcançado a Terra Pura de Buda. Mantemo-nos unifocadamente nessa experiência pelo maior tempo possível.

Quando saímos dessa concentração, imaginamos que nosso corpo, o canal central, a mente-gota e Avalokiteshvara em nossa coroa aparecem exatamente como antes e pensamos ter voltado temporariamente para este mundo. Então, nossa mente-gota, em nosso coração, sente outra vez o desejo de ir para a Terra Pura de Buda. Pedimos mentalmente a Avalokiteshvara: "Por favor, leva-me à suprema Terra Pura de Buda". Depois, repetimos a meditação anterior, começando com as palavras da sadhana: "Meu corpo de luz é translúcido como um arco-íris...". Desse modo, completamos o segundo ciclo de meditação.

Numa única sessão, podemos repetir essa meditação três ou sete vezes. A terceira, quarta, quinta, sexta e sétima repetições são idênticas à segunda, exceto que nelas a duração da meditação final, sobre a união de êxtase e vacuidade, deve ser mais longa.

DEDICATÓRIA

Concluímos cada sessão dedicando todas as nossas virtudes passadas, presentes e futuras para aperfeiçoar nossa prática do powa e, desse modo, alcançar a grande iluminação.

Devemos treinar essa meditação regularmente até nos sentirmos completamente familiarizados com ela. Quando isso ocorrer, seremos capazes de aplicá-la diariamente ao dormir e, por fim, na hora da nossa morte. Como resultado, conseguiremos controlar nossa morte e renascimento e encarar a morte com uma mente feliz e calma, como alguém indo para férias especiais. Nosso próximo renascimento será, sem dúvida, numa Terra Pura, como Sukhavati, Potala, Tushita, Keajra ou qualquer dos vinte e quatro lugares sagrados de Heruka. Poderemos também optar por renascer como um ser humano a quem todos os ambientes, prazeres, corpos e mentes aparecerão como puros. Uma pessoa assim não tem problemas samsáricos e, para ela, independente da visão dos outros, o mundo é puro, pois sua mente é pura. Se a mente for pura, os objetos que lhe aparecem também serão puros, porque os objetos não existem do seu próprio lado.

Como mencionado, em geral no powa a mente sai do corpo e vai para um estado mais elevado pela força da meditação. Assim, quando treinamos o powa, estamos aprendendo a separar a mente do corpo por meio de meditação. Embora se diga que uma prática de powa bem-sucedida encurta gradualmente nosso tempo de vida, o treino de powa aqui apresentado não traz esse risco.

Essa prática especial de powa cumpre a mesma função que o ioga incomum da inconceptibilidade de Vajrayogini; por meio desse treino podemos alcançar uma Terra Pura de Buda, como a Terra Pura Dakini, sem abandonar este corpo humano.

Essa instrução específica combina as instruções comuns de powa, como as escritas pelo I Panchen Lama e Ngulchu Dharmabhadra, com as instruções incomuns de powa, provenientes da Linhagem Oral Ganden. Somos extremamente afortunados pela oportunidade de receber e de praticar esta profunda instrução.

Praticar o Powa na Hora da Morte

Aplicar a prática do powa na hora da morte divide-se em seis partes:

1. As causas da morte
2. As circunstâncias da morte
3. Os sinais da morte
4. As mentes da morte
5. O sinal de que a morte terminou
6. Como aplicar a prática do powa na hora da morte

AS CAUSAS DA MORTE

Existem três causas principais de morte: o término do tempo de vida carmicamente determinado, o esgotamento do mérito e a perda da força vital. Em consequência de termos observado disciplina moral numa vida anterior e realizado outras ações virtuosas, como salvar vidas, obtivemos um renascimento humano com uma duração média de, digamos, setenta anos. Embora tenhamos criado a causa para uma vida com essa duração, podemos morrer mais cedo ou viver mais. Ações negativas graves cometidas nesta vida podem encurtar nosso tempo de existência, ao passo que ações virtuosas, como abster-se de matar e cuidar de enfermos, podem prolongá-lo.

Há pessoas que morrem devido à falta de mérito, muito embora seu tempo de vida ainda não se tenha esgotado. Nesse caso, tornam-se incapazes de encontrar o que precisam para sobreviver, como alimentos ou um determinado remédio. Os anos que restaram do seu tempo de vida são, então, "transportados" para

Buda O Imaculado

Buda Doador de Glória

Buda O Puro

um renascimento humano futuro, provavelmente curto e caracterizado por infortúnios. Outras pessoas, ricas em mérito, talvez encontrem condições excelentes e consigam viver alguns anos além do seu tempo de vida carmicamente determinado.

A terceira causa de morte é a perda da força vital. A força vital é o poder do nosso vento de sustentação vital. Esse vento interior, que reside no coração, serve para manter a conexão entre a mente e o corpo. Quando sua força diminui, a conexão é rompida e morremos. Doenças, espíritos, acidentes ou um estilo de vida negativo e pouco saudável podem enfraquecer nossa força vital.

Se as três causas – duração de vida, mérito e força vital – se esgotarem, é certo que morreremos. Porém, enquanto dispusermos de uma ou duas delas, ainda será possível renovarmos as demais. Por exemplo, se nossa duração de vida e força vital continuarem intactas, mas nosso mérito se esgotar, poderemos criar mais mérito com ações virtuosas. Se nossa força vital se desgastar, mas ainda nos restar mérito e tempo de vida, poderemos restaurá-la com certas práticas, como a respiração-vaso em nosso coração. Esse é um dos melhores métodos para aumentar o poder do nosso vento de sustentação vital. Para praticá-lo, devemos reunir os ventos das partes superior e inferior do nosso corpo na altura do coração e imaginar que eles se dissolvem no vento de sustentação vital. Então, retemos nossos ventos e mente no coração e permanecemos concentrados ali o maior tempo possível.

A força vital é nosso bem mais precioso e, portanto, precisamos estabilizá-la e fazê-la aumentar. Se for destruída, o mal será irreparável. Qualquer outra posse pode ser substituída mas, se nosso tempo de vida se esgotar, não poderemos pedir tempo emprestado para concluir as tarefas desta vida. Portanto, devemos sentir que o desperdício da nossa vitalidade em atividades sem sentido é a maior de todas as perdas. Se nossa vida for curta ou mal aproveitada, não conseguiremos concluir nossa prática espiritual.

AS CIRCUNSTÂNCIAS DA MORTE

São inúmeras as circunstâncias da morte. Certas pessoas morrem de doenças físicas, outras em acidentes ou catástrofes naturais. Algumas são assassinadas por seus inimigos, outras se suicidam. Há quem morra de fome, enquanto outros morrem por causa do que comeram. Embora degustar uma boa refeição seja um dos maiores prazeres da vida, ingerir alimentos pouco saudáveis é fator de doenças e de enfermidades degenerativas como o câncer. Em resumo, qualquer coisa pode se converter em circunstâncias da nossa morte, até coisas que, em geral, sustentam a vida.

OS SINAIS DA MORTE

Existem dois tipos de sinais da morte: distantes e próximos. Não é preciso que estejamos doentes para experienciar os sinais distantes. Eles ocorrem entre seis e três meses antes da morte e são de três tipos: corporais, mentais e nos sonhos. Nem sempre indicam que vamos morrer logo, mas quando persistem é provável que nossa morte seja iminente. Conhecendo-os, conseguiremos identificá-los quando surgirem, e isso servirá de alerta para que façamos as preparações que irão beneficiar nossa vida futura. Saberemos que é hora de garantir a pureza da nossa prática de Dharma e aplicar quaisquer métodos para prolongar nosso tempo de vida, como as práticas de Amitayus e Tara Branca. Se esses métodos não forem bem-sucedidos, é certo que devemos fazer a prática do powa.

Alguns dos sinais corporais distantes da morte são: soluçar continuamente ao urinar ou defecar; não ouvir o zumbido interno do ouvido ao tapá-lo; o sangue não voltar com rapidez às unhas quando as apertamos e relaxamos a pressão; no ato sexual, as mulheres expelirem gotas brancas em vez de vermelhas, e os homens, gotas vermelhas em vez de brancas; sem motivo, não sentir o gosto e o cheiro das coisas; sentir o ar frio quando o exalamos nas mãos; encolhimento da língua, que parece enrolada ou inchada, de tal modo que, ao colocá-la para fora, não conseguimos ver sua ponta; não ver sombras e formas coloridas ao pressionar o topo do globo ocular no escuro; ter a alucinação de ver um sol à noite; não ver os raios de energia fluírem pela coroa da cabeça ao olhar para a própria sombra numa manhã de sol; parar de salivar; inclinação da ponta do nariz; surgimento de marcas pretas nos dentes; afundamento dos globos oculares em suas cavidades.

Alguns dos sinais mentais distantes da morte são: mudança do temperamento habitual – pessoas amáveis e gentis tornam-se agressivas e vice-versa; sem motivo, deixar de gostar do lugar onde vivemos, de amigos e de outros objetos de apego; sentir tristeza sem razão; nossa sabedoria e inteligência perdem força e clareza.

Os sinais distantes nos sonhos incluem sonhar repetidamente que estamos caindo de uma montanha elevada, que estamos nus ou viajando sozinhos por um deserto rumo ao sul.

Os sinais próximos da morte serão explicados adiante.

AS MENTES DA MORTE

Há dois tipos de mente que se manifestam durante o processo da morte: densa e sutil. As mentes densas da morte podem ser virtuosas, não virtuosas e neutras, ao passo que as mentes sutis da morte, no caso dos seres comuns, só podem ser neutras. Quando estivermos morrendo, se nossa última mente densa for virtuosa, ela fará com que potencialidades positivas transportadas por nossa mente amadureçam como uma ação mental virtuosa, que nos conduzirá diretamente a um renascimento superior, como um humano ou um deus. Uma mente virtuosa na morte é como água: nutre as potencialidades virtuosas que, como sementes secas, permanecem no campo da nossa consciência. Se dois tipos de semente, cevada e trigo, forem plantadas num campo, mas somente as sementes de trigo forem regadas, estas serão as primeiras a brotar. O mesmo ocorre em nossa mente enquanto tivermos potencialidades virtuosas e não virtuosas; uma mente virtuosa na hora da morte garantirá o amadurecimento de potencialidades virtuosas. Isso vale ainda que tenhamos levado uma vida imoral e cometido muitas ações não virtuosas. Entretanto, não significa que escaparemos dos efeitos das nossas ações não virtuosas. Caso tenhamos um renascimento humano, nossa vida será curta ou atormentada por intenso sofrimento. Se não purificarmos nosso carma negativo, cedo ou tarde, sofreremos o efeito plenamente amadurecido das nossas ações e renasceremos nos reinos inferiores.

Algumas vezes, pessoas que não se interessam por práticas espirituais e levam uma vida descuidada e imoral têm mais sucesso mundano e desfrutam de situações melhores do que outras que estão praticando o Dharma. Vendo isso, podemos desanimar e pensar: "Para que serve a prática do Dharma!? Há pessoas que nem tentam ser boas e tudo lhes cai nas mãos. Enquanto eu, que pratico sinceramente, só enfrento provações". Quem pensa assim só está considerando a situação presente e não entende plenamente como as ações e seus efeitos se sucedem. As dificuldades que enfrentamos agora são efeitos das nossas ações passadas. Elas não são os efeitos da nossa prática espiritual atual, pois os efeitos desta serão a felicidade que experienciaremos no futuro. Do mesmo modo, a boa sorte das pessoas que não se interessam pela prática espiritual é o efeito do mérito criado por elas no passado e não o resultado do seu estilo de vida atual. As ações nocivas que cometerem nesta vida vão lhes acarretar tempos difíceis no futuro.

Na hora da morte, se nossa última mente densa for não virtuosa ela fará com que potencialidades negativas que carregamos em nossa mente amadureçam como uma ação mental não virtuosa, e isso nos conduzirá diretamente a um renascimento inferior. Vemos, assim, como é importante gerar um estado mental feliz e virtuoso na hora da morte. Percebemos também quanto benefício podemos proporcionar aos que estão morrendo, encorajando-os a desenvolver uma mente positiva e criando condições que os ajudem a gerar bons pensamentos. Dessa maneira, podemos beneficiar enormemente nossos amigos e familiares, ainda que não se interessem pelo Dharma. Ajudar alguém a morrer em paz e com uma mente virtuosa é um dos maiores atos de bondade que podemos fazer por outro ser, porque se conseguirem ter um renascimento afortunado terão alcançado o mesmo resultado que alguém que praticou o powa com sucesso.

Quando as mentes densas da morte cessam, e a mente se torna a mente sutil da morte, não há sensações densas – agradáveis, dolorosas ou neutras – nem discriminações densas. Uma vez que para os seres comuns as mentes sutis da morte são neutras, estas não têm força para induzir mentes virtuosas.

O SINAL DE QUE A MORTE TERMINOU

Depois dos sinais distantes, virão os sinais próximos da morte. Primeiro, o elemento terra do corpo se dissolve; o sinal exterior dessa dissolução é o encolhimento do corpo, e o sinal interior é uma aparência-miragem à mente. A seguir, o elemento água se dissolve; o sinal exterior é um forte ressecamento da boca e da língua e a diminuição dos fluidos corporais, como urina, sangue e esperma, e o sinal interior é uma aparência-fumaça à mente. Depois, o elemento fogo se dissolve; o sinal exterior é uma redução do calor corporal e um esfriamento na área em torno do umbigo, o centro do calor do corpo, e o sinal interior é uma aparência vaga-lume à mente. Em seguida, o elemento vento se dissolve; o sinal exterior é uma redução de qualquer movimento, devido à diminuição dos ventos que circulam pelos canais do corpo e que nos fazem gerar mentes densas, e o sinal interior é uma aparência-chama de vela. A mente que percebe essa aparência é a última mente densa da morte.

A primeira mente sutil da morte é a que percebe uma aparência branca. Quando essa aparência cessa, a mente torna-se mais sutil e percebe uma aparência vermelha. Essa mente torna-se ainda mais sutil e transforma-se na mente da quase-conquista-negra, à qual só aparece um total negrume. Nesse estágio é como se a pessoa que está morrendo não tivesse memória. Como não há nenhum movimento físico, batidas cardíacas ou movimento nos canais, costuma-se pensar que a pessoa já morreu, mas na verdade a consciência ainda não deixou o corpo. A mente da quase-conquista negra se transforma na mente mais sutil, que percebe a clara-luz da morte – uma aparência brilhante e clara como a luz da aurora. Esse é o sinal de que a mente mais sutil, que reside dentro da gota indestrutível no coração, se manifestou e de que todas as outras mentes pararam de se manifestar. Então, a gota indestrutível se abre, e as gotas branca e vermelha se separam liberando a consciência, que imediatamente sai do corpo. A gota branca desce através do canal central e emerge pela ponta do órgão sexual, e a gota vermelha sobe através do canal central e emerge pelas narinas. Tal fato é o sinal de que a consciência saiu do corpo e que o processo da morte terminou.

COMO APLICAR A PRÁTICA DO POWA NA HORA DA MORTE

Uma vez familiarizados com a prática do powa, quando percebermos os sinais distantes da morte ou entendermos que nos resta pouco tempo de vida, devemos praticar dia e noite as preliminares e a meditação propriamente dita.

É preciso abandonar o apego por nossos familiares, amigos e posses – de fato, por todas as coisas desta vida. Alguém que se hospede alguns dias num hotel luxuoso não se apegará ao hotel, pois sabe que logo terá que partir. Da mesma maneira, não faz sentido gerarmos apego pelas coisas desta vida, pois sabemos que logo teremos de partir deixando tudo para trás.

Devemos nos encorajar com o seguinte pensamento:

Agora é a hora de ir para a Terra Pura de Buda, onde todos os problemas do samsara chegarão ao fim, e desfrutarei de ambientes puros, prazeres puros, um corpo puro e uma mente pura. Minha vida na Terra Pura será, em todos os aspectos, superior à que tenho hoje. Como sou afortunado!

Pensando assim, vamos seguir o exemplo de Lama Longdöl e cultivar a forte determinação de ir para a Terra Pura, sem nenhum apego ou sentimento de perda por esta vida. Com essa determinação, devemos praticar o powa continuamente.

Assim que experienciarmos os sinais próximos da morte, será imprescindível nos concentrarmos principalmente na sensação de que nossa mente está misturada com o Dharmakaya de todos os Budas, a Terra Pura interior. Devemos reter essa sensação com forte contínua-lembrança até que nossas mentes densas tenham cessado. Essa é a estação final do caminho que leva à nossa destinação, a Terra Pura de um Buda.

Não devemos permitir que a doença física ou o desconforto atrapalhem nossa concentração. É preciso parar de pensar que estamos doentes e, em vez disso, refletir: "Eu não sou meu corpo, logo não faz sentido pensar que eu estou doente ou com dor". Concentramo-nos, então, na sensação de que nossa mente está misturada com o Dharmakaya. Devemos morrer com essa sensação.

Buda que Transforma com Pureza

Buda Deidade Água

Buda Deus das Deidades Água

Morte, Estado Intermediário e Renascimento

Para apreciar plenamente a importância de ajudar pessoas que já morreram e aquelas que estão morrendo, precisamos primeiro entender o processo da morte, estado intermediário e renascimento. Aplicar a prática do powa para o benefício dos outros será apresentado em duas partes:

1. Entender a morte, o estado intermediário e o renascimento
2. Como aplicar a prática do powa para o benefício dos outros

ENTENDER A MORTE, O ESTADO INTERMEDIÁRIO E O RENASCIMENTO

Este item divide-se em três partes:

1. Entender a morte
2. Entender o estado intermediário
3. Entender o renascimento

ENTENDER A MORTE

A morte virá definitivamente, e nada pode impedir que isso aconteça. Onde quer que tenhamos nascido, num estado de existência afortunado ou desafortunado, com certeza teremos que morrer. Quer tenhamos nascido no reino mais elevado do samsara, quer no mais profundo dos infernos, teremos que passar pela morte. Por mais que viajemos e por mais longe que possamos ir, mesmo que cheguemos aos confins do espaço ou desçamos às profundezas da terra, nunca encontraremos um lugar onde possamos nos esconder da morte.

Embora o Corpo-Verdade de Buda seja imortal, seus Corpos-Emanação morrem. Quando Buda Shakyamuni se aproximava da morte, mais de dez mil Destruidores de Inimigos – seres que alcançaram o nirvana –, inclusive Shariputra, um dos discípulos mais próximos de Buda, escolheram morrer, pois não suportavam a dor de testemunhar a morte do mestre. Então, a pedido de Buda, seus discípulos ergueram-lhe um último trono em Kushinagar, onde ele concedeu seu derradeiro ensinamento: "Todos os fenômenos produzidos são impermanentes". Para aqueles que tinham carma puro, ele revelou os sinais e indicações do corpo de um Buda; depois, permanecendo no trono, demonstrou como morrer. O que determina a permanência dos Destruidores de Inimigos e dos Corpos-Emanação dos Budas neste mundo é o carma dos seres que vivem nele. Quando nosso carma positivo e mérito diminuem, os Destruidores de Inimigos e as emanações dos Budas tornam-se cada vez mais raros.

Ninguém que estava vivo na época de Buda Shakyamuni continua vivo atualmente, e ninguém que estava vivo na época do discípulo de Buda, Mahakashyapa, continua vivo hoje. Apenas seus nomes sobrevivem. Todos aqueles que viviam há duzentos anos faleceram, e todos os que vivem hoje terão partido daqui a duzentos anos. Compreendendo isso, devemos nos perguntar: "Serei eu o único a sobreviver à morte?".

Quando nosso carma amadurecido para viver esta vida se esgotar, ninguém poderá impedir nossa morte, nem mesmo Buda. Certa vez, em tempos longínquos, houve uma terrível guerra entre dois clãs indianos, os Pakyepas e os Shakyapas. O rei dos Pakyepas decidiu massacrar todos os Shakyapas. Alguns Shakyapas procuraram Buda e pediram proteção para seus filhos. Shariputra ofereceu-se para proteger todas as crianças com os seus poderes milagrosos. Todavia, com sua clarividência, Buda viu que

Shariputra não poderia salvar as crianças, pois o povo Shakyapa criara o carma coletivo para morrer naquela guerra, e seu carma estava agora amadurecendo. Contudo, para consolar os Shakyapas, Buda consentiu que Shariputra acolhesse as crianças. Shariputra colocou algumas dentro da tigela de mendicância de Buda e escondeu outras no sol. Não obstante, no mesmo dia em que os Pakyepas mataram todos os demais Shakyapas, as crianças que estavam dentro da tigela de Buda e as que estavam no sol também pereceram, embora ninguém as tivesse matado.

Quando a hora da nossa morte chega, não há como escapar. Se fosse possível evitar a morte recorrendo à clarividência ou a poderes miraculosos, aqueles que os possuíssem teriam se tornado imortais; mas até os clarividentes morrem. Os mais poderosos monarcas que reinaram neste mundo mostraram-se impotentes diante do poder da morte. O rei dos animais, o leão, capaz de matar um elefante, é imediatamente destruído quando encontra o Senhor da Morte. Nem os milionários conseguem evitar a morte; não podem distraí-la com um suborno nem comprar mais tempo, dizendo: "Se adiares meu fim, dar-te-ei riquezas que superam teus mais extravagantes sonhos".

A morte é implacável e não fará nenhum acordo. No *Sutra Endereçado a um Rei*, foi dito que a morte é como o desmoronamento de uma imensa montanha nas quatro direções. Não há como conter sua devastação. Nesse Sutra, Buda diz:

> O envelhecimento é como uma montanha inamovível.
> A decadência é como uma montanha inamovível.
> A doença é como uma montanha inamovível.
> A morte é como uma montanha inamovível.

O envelhecimento avança furtivamente e solapa nossa juventude, força e beleza. Embora raramente estejamos conscientes do processo, ele está sempre em andamento e não pode ser revertido. A doença destrói o bem-estar, o poder e a força do nosso corpo. Se os médicos nos ajudarem a superar uma primeira doença, outras tomarão o seu lugar, até que, por fim, haverá uma que não poderá ser removida. No mesmo Sutra, Buda diz:

> Não podemos escapar da doença e da morte fugindo delas. Não podemos aplacá-las com riquezas nem usar poderes milagrosos para fazê-las desaparecer. Todos os seres que estão neste mundo têm que passar por envelhecimento, doença e morte.

No *Guia do Estilo de Vida do Bodhisattva*, diz Shantideva:

> Sem nunca parar, dia e noite,
> Esta vida se esvai continuamente,
> E sua duração nunca aumenta;
> Por que, então, a morte não chegaria para alguém como eu?

Desde o instante da nossa concepção, rumamos inexoravelmente em direção à morte, como um cavalo de corrida galopando para a linha de chegada. Até os cavalos de corrida diminuem a passada vez ou outra, mas nós, em nossa corrida para a morte, nunca paramos nem por um segundo. Quer dormindo quer acordados, nossa vida está passando. Todo veículo para e interrompe sua viagem de vez em quando, mas nosso tempo de vida nunca para de escoar. No instante seguinte ao nascimento, uma parte do nosso tempo de vida já pereceu. Vivemos nos braços da morte. Como disse o VII Dalai Lama:

> Depois de nascer, não temos liberdade para permanecer nem por um minuto.
> Rumamos para os braços do Senhor da Morte como um atleta correndo.
> Podemos pensar que estamos entre os vivos, mas nossa vida é a própria estrada da morte.

Se nosso médico anunciasse que temos uma doença incurável e que só nos resta uma semana de vida e, a seguir, um amigo nos oferecesse um presente fabuloso, como um diamante, um carro novo ou férias gratuitas, não ficaríamos entusiasmados com nada disso. Na realidade, nossa situação não é diferente, pois todos nós sofremos de uma doença fatal. Quanta tolice interessar-nos tanto pelos prazeres passageiros desta curta existência!

Se for difícil pensar sobre a chegada da morte, podemos ouvir o tique-taque de um relógio e tomar consciência de que cada toque marca o fim de um segundo da nossa vida e nos aproxima da morte. Atisha costumava praticar assim em suas meditações, usando o som de gotas de água. Também podemos imaginar que o Senhor da Morte mora perto da nossa casa e que, a cada tique-taque do relógio, estamos dando um passo na sua direção. Desse modo, vamos nos tornar verdadeiros viajantes.

No *Sutra Extensa Fruição*, Buda diz:

> Esses três mundos são tão impermanentes quanto nuvens de outono.
> O nascimento e a morte dos seres são como a entrada e a saída de atores no palco.

Atores frequentemente trocam de figurino e de papéis, entrando em cena sob diferentes disfarces. Também os seres vivos constantemente assumem diferentes formas e entram em mundos novos. Algumas vezes são seres humanos, outras animais e, às vezes, ingressam no inferno. O Sutra prossegue:

> O tempo de vida de um ser vivo passa como um raio no céu e se extingue tão rapidamente como a água que cai de uma elevada montanha.

A morte virá de qualquer maneira, tenhamos ou não arrumado tempo para a prática espiritual. O fato de a vida ser curta não seria tão mau se tivéssemos bastante tempo para praticar o Dharma. Todavia, consumimos a maior parte do nosso tempo dormindo, comendo, fazendo compras, falando etc., e não sobra quase nada para uma prática espiritual pura. Nosso tempo é facilmente consumido em outras atividades até que, de repente, morremos.

Insistimos em pensar que temos tempo de sobra para praticar o Dharma, mas se examinarmos com atenção nosso estilo de vida, veremos que os dias passam sem que tenhamos começado a praticar seriamente. Se não conseguirmos tempo para praticar o Dharma puramente, na hora da morte nos sentiremos como Mondrol Chödak: olharemos para o nosso passado e veremos que nossa vida não serviu para muita coisa. No entanto, se estivermos sempre conscientes da morte, desenvolveremos um desejo tão sincero de praticar o Dharma com pureza que naturalmente começaremos a modificar nossa rotina diária, reservando ao menos algum tempo para a prática espiritual. Por fim, acharemos mais tempo para praticar do que para os outros afazeres.

Pensando sobre a nossa morte iminente muitas vezes, talvez sintamos medo; mas só sentir medo não basta. Tendo gerado um medo saudável de morrer despreparado, devemos buscar algo capaz de nos oferecer verdadeira proteção. Gungtang Jampelyang disse que os caminhos das vidas futuras são muito longos e estranhos. Somos forçados a passar de uma vida para outra sem nenhuma certeza sobre onde vamos renascer – se em estados infelizes ou afortunados. Não temos liberdade ou independência e somos obrigados a ir aonde nosso carma nos leva. Portanto, precisamos encontrar algo que nos mostre um caminho seguro para as vidas futuras, algo que nos dirija para os caminhos corretos e nos afaste dos incorretos. Devemos nos esforçar com nosso corpo, fala e mente para colocar o Dharma em prática. As posses e os prazeres do samsara não podem nos ajudar. Só o Dharma revela um caminho imaculado. Já que o Dharma é a única riqueza e o único desfrute capaz de nos ajudar e proteger no futuro, devemos nos esforçar para colocá-lo em prática. Disse Milarepa:

> Existem mais medos nas vidas futuras do que nesta. Preparaste algo capaz de ajudar-te? Se nada tiveres preparado para tuas vidas futuras, faze-o agora. A única proteção contra tais medos é a prática do sagrado Dharma.

Se pensarmos sobre a nossa vida, veremos que durante muitos anos não tivemos nenhum interesse pelo Dharma e que, mesmo agora que desejamos praticá-lo, por preguiça, não o fazemos puramente. Gungtang Jampelyang disse:

> Passei vinte anos sem desejar praticar o Dharma. Passei os vinte anos seguintes pensando que poderia praticar mais tarde. Passei outros vinte anos absorto em outras atividades e lamentando o fato de não ter praticado o Dharma. Essa é a história da minha vida humana vazia.

Esta também poderia ser a nossa autobiografia, mas se estivermos conscientes da inevitabilidade da morte, evitaremos desperdiçar nossa preciosa vida humana e nos esforçaremos para torná-la significativa.

Às vezes nos enganamos pensando: "Sou jovem; portanto não vou morrer logo". Mas perceberemos o quanto essa ideia é enganosa simplesmente observando quantos jovens morrem antes dos seus pais. Outras vezes, pensamos: "Sou saudável; portanto não vou morrer logo". Mas pessoas que são saudáveis e cuidam de doentes podem morrer antes deles. Alguém que está indo visitar um amigo hospitalizado pode morrer num acidente de carro, pois a morte não se restringe a idosos e enfermos. Uma pessoa bem-disposta pela manhã pode estar morta ao entardecer, e outra que se sentia bem ao dormir pode morrer antes de acordar. Alguns morrem enquanto estão comendo, outros no meio de uma conversa, e há quem morra logo ao nascer.

A morte pode chegar sem dar aviso. Esse inimigo pode chegar a qualquer instante e, com frequência, ataca rápido, quando menos se espera. A morte pode chegar quando estamos a caminho de uma festa, ligando a televisão ou enquanto pensamos "não vou morrer hoje" e traçamos planos para as nossas férias ou a aposentadoria. O Senhor da Morte pode acercar-se furtivamente de nós como nuvens escuras que encobrem o céu. Às vezes, quando entramos em casa, o céu está brilhante e claro, mas quando saímos está encoberto. A morte pode fazer o mesmo e rapidamente lançar sua sombra sobre a nossa vida.

O fato de a nossa morte ser uma certeza e a duração da nossa vida ser indefinida não seria tão ruim se as circunstâncias que levam à morte fossem raras; mas existem inúmeras condições, externas e internas, que podem provocar a morte. Diz-se que existem oito mil tipos de obstáculos ou espíritos capazes de destruir nossa vitalidade. Todos eles são condições que podem causar nossa morte. As condições ambientais externas causam morte por fome, enchentes, incêndios, terremotos, poluição etc. Os elementos internos do nosso corpo também causam morte quando se desarmonizam e um deles se desenvolve em excesso. Quando estão em harmonia, eles são como quatro serpentes de uma mesma espécie e de força equivalente que convivem pacificamente. Quando há desarmonia, é como se uma das serpentes tivesse se fortalecido mais que as outras e passasse a devorá-las, até que finalmente ela mesma morresse de fome.

Além dessas causas inanimadas de morte, outros seres vivos, como ladrões, soldados hostis e animais selvagens, podem ocasionar nossa morte. Mesmo fatores que não julgamos ameaçadores, e que até consideramos sustentáculos da nossa vida, como nossa casa, carro ou o melhor amigo, podem provocar nossa morte. Há pessoas que morrem esmagadas no desmoronamento da própria casa ou porque caem da escada, e todos os dias muitas perdem a vida em seus carros. Algumas morrem durante as férias ou praticando seu esporte ou passatempo favorito, como um cavaleiro que morre numa queda. Até nossos amigos e amantes podem se tornar, intencional ou involuntariamente, causadores da nossa morte. Lemos nos jornais casos de um amante que matou seu parceiro e de pais que tiraram a vida dos próprios filhos. Mesmo o alimento que nos sustenta pode ser causador da nossa morte. Se investigarmos cuidadosamente, não encontraremos um único prazer mundano que, potencialmente, não seja uma causa de morte ou que seja exclusivamente causa para permanecermos vivos. Disse o Protetor Nagarjuna:

> Mantemos nossa vida em meio a milhares de ameaças de morte. Nossa força vital é como uma chama de vela ao sabor da brisa. A chama da nossa vida pode ser facilmente extinta pelos ventos da morte, que sopram de todas as direções.

Cada pessoa criou o carma para permanecer nesta vida durante um certo período, mas como não conseguimos nos lembrar das ações que criamos no passado, não podemos saber a duração exata da nossa vida atual. Como foi dito, podemos morrer prematuramente, antes mesmo de ter completado nosso tempo de vida, porque é possível esgotar nosso mérito mais cedo do que o carma que determina a duração da vida. Se isso acontecer, ficaremos tão doentes que os médicos não serão capazes de nos ajudar ou não conseguiremos encontrar comida nem satisfazer outras necessidades vitais. Porém, mesmo que estejamos gravemente doentes, se nosso tempo de vida não houver se esgotado e ainda tivermos mérito, encontraremos todas as condições necessárias para nossa recuperação.

No *Sutra Coleção de Joias*, são mencionadas nove condições principais de morte prematura:

1) Comer em excesso
2) Comer alimentos não saudáveis
3) Comer alimentos antes de ter digerido a refeição anterior
4) Reter comida indigesta no estômago por um longo período, sem eliminá-la
5) Vomitar comida digerida
6) Não tomar o remédio correto
7) Não ter habilidades adequadas a uma situação, como nadar ou dirigir um carro sem saber como fazê-lo
8) Movimentar-se na hora errada, como no caso de desrespeitar um semáforo vermelho ou correr ao meio-dia no auge do verão de um país quente
9) Entregar-se ao sexo irrestritamente

O Mantra Secreto ensina métodos para prolongar o tempo de vida. No entanto, eles só funcionam se forem praticados puramente, com muita fé e concentração, e se nossa meditação for poderosa. Sendo assim, no momento, é difícil estendermos nosso tempo de vida.

Embora existam tantas causas de morte, a situação não seria tão grave se nosso corpo fosse forte como aço; mas temos um corpo delicado. Não são necessárias armas e bombas para destruí-lo; basta uma pequena agulha para que ele seja aniquilado. Em *Carta Amigável*, diz Nagarjuna:

> Há muitos destruidores da nossa força vital.
> O corpo humano é como uma bolha d'água.

Assim como uma bolha d'água estoura logo que é tocada, uma única gota de água no nosso coração ou o leve arranhão de um espinho venenoso podem causar nossa morte. No mesmo texto, Nagarjuna diz que, no final deste éon, todo o sistema planetário será consumido pelo fogo, e nem suas cinzas vão sobrar. Uma vez que todo o universo se tornará vazio, nem é preciso dizer com que rapidez este delicado corpo humano vai se desintegrar.

Podemos observar nossa respiração e notar o processo ininterrupto de inspiração e expiração. Se ele parasse, nós morreríamos. Até quando estamos dormindo e nossa contínua-lembrança não está funcionando, nossa respiração se mantém, embora em muitos aspectos pareçamos um cadáver. Nagarjuna disse: "Isso é uma coisa maravilhosa!". Ao despertar pela manhã, deveríamos nos regozijar, pensando: "Incrível! Minha respiração sustentou minha vida enquanto eu dormia. Se ela tivesse parado à noite, agora eu estaria morto!".

Ainda que possuíssemos toda a riqueza do mundo, na hora da morte ela seria inútil, porque não poderíamos levá-la conosco e em nada aliviaria nosso sofrimento. Como diz um provérbio tibetano, quando a morte chega, o rei em seu trono de ouro e o homem pobre que esmola de cidade em cidade são iguais. No *Sutra Árvore Gloriosa,* Buda diz:

> Ainda que tenhas armazenado um estoque de comida suficiente para cem anos, ao morrer terás de viajar faminto para tua próxima vida. Ainda que tenhas roupas para te vestir durante cem anos, ao morrer terás de viajar nu para tua próxima vida.

No *Guia do Estilo de Vida do Bodhisattva*, Shantideva diz:

> Terei que deixar tudo e partir sozinho;
> Mas por não ter entendido isso,
> Cometi muitos tipos de ação maldosa
> Em relação aos meus amigos e aos outros.

Certa vez, um homem estava trabalhando arduamente para transformar uma imensa pedra redonda num bloco quadrado. Um passante lhe perguntou: "Por que trabalhas tão duro para mudar o formato dessa pedra?". O homem respondeu: "Para deixá-la para trás". Somos exatamente como ele, pois gastamos um tempo enorme e nos esforçamos imensamente para acumular riquezas, que serão deixadas para trás quando morrermos. No mesmo texto, diz Shantideva:

> De que servirão meus companheiros
> Quando eu for agarrado pelos mensageiros do Senhor
> da Morte?
> Nessa hora, só o mérito irá me proteger;
> Mas nele eu nunca confiei.

Viemos para este mundo sozinhos e sozinhos partiremos. Ninguém pode tomar nossos sofrimentos, como envelhecimento e doença, e dividi-los conosco. Nossos amigos e familiares são todos impotentes para nos ajudar no momento em que mais precisamos – na hora da nossa morte. Ainda que todas as pessoas do mundo se tornassem nossas amigas, nenhuma seria capaz de nos socorrer nessa hora. Mesmo que segurassem nossos membros e agarrassem nossa cabeça, não conseguiriam impedir nossa mor-

Buda Excelência Gloriosa

Buda Sândalo Glorioso

Buda Esplendor Infinito

te. Os poderosos costumam andar cercados de seguranças, mas ninguém é capaz de oferecer verdadeira proteção quando chega o Senhor da Morte. Uma vez, o grande iogue Mitatso recitou os seguintes versos para um rei:

> Pouco importa tua realeza e opulência.
> Quando tua hora de passar para a próxima vida chegar,
> Terás de partir sozinho e com muito medo.
> Viajarás sem tuas posses e riquezas, sem tua rainha, teus filhos ou teus criados.

O I Panchen Lama disse:

> Quando a morte chega, ela nos separa dos nossos amigos e familiares, de modo que nunca mais os veremos de novo. Ela destrói completamente a possibilidade de um reencontro. Não há nada mais implacável do que esse Senhor da Morte.

Nesta vida, ainda que estejamos separados dos nossos amigos e familiares há bastante tempo, um reencontro continua sempre sendo possível; mas quando a morte intervém, somos irrevogavelmente separados deles e, ao reencontrá-los em vidas futuras, não os reconheceremos, e eles não nos reconhecerão.

Na hora da morte, até nosso próprio corpo é inútil. Desde que nascemos, temos apreciado e cuidado dele como nosso bem mais precioso, agasalhando-o quando sente frio, cuidando dele quando se machuca, defendendo-o energicamente sempre que alguém tenta prejudicá-lo. Temos tamanha compaixão por este corpo que não suportamos que sofra qualquer dor. Quando está sedento, achamos isso insuportável, e quando fica fraco e adoece, sentimo-nos péssimos. A maioria das nossas ações prejudiciais foi cometida em benefício do nosso próprio corpo. Atendemos cuidadosamente a todas as suas necessidades – vestindo-o, alimentando-o, lavando-o e embelezando-o. Quando alguém o insulta, dizendo algo como "que pernas gordas!" ou "que cara de macaco!", ficamos indignados; mas, se disserem o mesmo a respeito do corpo de um amigo, não ligaremos tanto e seremos até capazes de achar engraçado. No entanto, esse corpo que apreciamos tanto é traiçoeiro. Ele nos trai principalmente na hora da morte, abandonando-nos completamente no momento em que mais precisamos dele. O I Panchen Lama disse:

> Esse corpo que apreciamos durante tanto tempo atraiçoa-nos na hora em que mais precisamos dele.

Alguns pensam que a morte é como o apagar de uma chama de vela, mas isso não é verdade. Quando a chama se extingue, seu continuum cessa e desaparece por completo; mas nós, quando morremos, não desaparecemos. Nossa morte é como o vôo de um pássaro para fora do ninho; o corpo é o ninho, e a mente, o pássaro. Quando nossa consciência deixar este corpo, continuaremos a ter medo e alucinações, sofreremos e ainda precisaremos de proteção. Se praticarmos o Dharma, criaremos bons hábitos mentais, que se manterão na próxima vida. Já que o continuum da consciência carrega os hábitos mentais cultivados por nós, a nossa prática espiritual e as ações virtuosas desta vida poderão nos ajudar na hora da morte e em todas as vidas futuras.

Às vezes é muito útil imaginarmos que a hora da nossa morte chegou. É certeza que vamos morrer quer por acidente quer por doença, e é provável que isso aconteça num hospital. Quando adoecermos, seremos levados para lá e, no início, o médico vai pensar que pode nos curar. Por fim, ele perderá as esperanças e deixará de nos visitar. Ao se dar conta disso, nossos familiares se sentirão desamparados e angustiados, mas só lhes restará chorar. Quando começarmos a morrer, nosso corpo perderá o calor, e passaremos a respirar com dificuldade. Nosso corpo se tornará fraco e encolhido, e não seremos capazes de ouvir ou enxergar claramente. Se amigos e familiares estiverem ao nosso redor, não os reconheceremos. Nossa língua vai encurtar, impedindo-nos de falar com coerência. Gradualmente a memória enfraquecerá, mas antes de desaparecer por completo vamos compreender que estamos morrendo e ficar profundamente angustiados. Em desespero, pensaremos: "Que maravilhoso se eu pudesse viver mais". Dentro de nós, vamos implorar a ajuda dos nossos amigos e familiares, mas eles serão completamente impotentes. Aos poucos, conforme os quatro elementos interiores forem se dissolvendo, teremos diferentes visões e alucinações. Sentiremos medo. Nossa memória ficará mais e mais sutil até que todas as aparências desta vida desaparecerão. Isto será o fim de todas as coisas desta vida – o fim de morar em nossa casa, o fim dos encontros com os amigos, o fim das conversas em família.

Se acharmos difícil usar a imaginação dessa maneira, podemos visitar cemitérios e olhar as lápides, pensando que em cada uma repousa um corpo morto. Escolhemos um túmulo como exemplo. Diante da inscrição "Aqui jaz Pedro, morto dia 21 de setembro de 2016", pensaremos que a única diferença entre nós e Pedro resume-se a uma pequena questão de tempo. Logo iremos para onde ele foi e assim como seu corpo está apodrecendo na terra, o nosso também, muito em breve, estará enterrado e em decomposição.

Muitas outras coisas servem para nos fazer lembrar da morte. Todas as noites vemos pessoas morrendo nos noticiários. Em geral, assistimos à televisão apenas para nos informar ou distrair. Porém, se quisermos obter uma realização da morte e da impermanência, poderemos nos identificar com aqueles que vemos morrer, refletindo: "em breve estarei como eles". Diante de pessoas velhas pensaremos: "logo vou estar como elas"; e quando virmos doentes pensaremos: "em pouco tempo posso me tornar um deles". Se praticarmos assim, assistir à televisão se tornará algo muito benéfico; certas coisas ensinam a impermanência, outras ensinam a vacuidade, algumas despertam nossa compaixão, e outras mostram que o samsara e o sofrimento possuem a mesma natureza. Com a sabedoria do Dharma, podemos encontrar um ensinamento em tudo, e todas as coisas vão aumentar nossa fé, sabedoria e experiência de Dharma. Milarepa disse que considerava tudo o que aparecia à sua mente como um livro de Dharma. Todas as coisas confirmavam a veracidade dos ensinamentos de Buda e aumentavam sua experiência espiritual.

ENTENDER O ESTADO INTERMEDIÁRIO

O estado intermediário, ou bardo, é assim chamado por ser o estado entre a morte e o renascimento seguinte. Os seres que vagam nesse estado são conhecidos como *seres do bardo*. A maneira mais fácil de acreditarmos na existência do bardo é considerar a analogia com o estado de sonho, que a ele muito se assemelha. Tanto o corpo do sonho quanto o corpo do bardo surgem na dependência dos ventos-energia sutis. Ambos não possuem carne, ossos, sangue e órgãos internos, mas têm faculdades sensoriais perfeitas. Assim como o corpo do sonho surge da clara-luz do sono, o corpo do bardo surge da clara-luz da morte; e, da mesma maneira que o corpo do sonho só é conhecido pelo sonhador, também o corpo do bardo só é visto por outros seres do bardo e não pode ser visto por seres comuns que não possuam clarividência visual. O paradeiro do corpo do sonho muda rapidamente, e os conhecimentos travados em sonhos são fugazes. Também o paradeiro do corpo do bardo muda com facilidade, e os conhecimentos travados no bardo são de curta duração.

Conforme dormimos, os ventos densos se reúnem em nosso coração, e experienciamos sinais internos iguais aos sinais próximos da morte – desde a aparência-miragem até a clara-luz. Os iogues e alguns meditadores que desenvolveram sua contínua-lembrança conseguem permanecer cônscios desses sinais enquanto adormecem, mas a maioria das pessoas não é capaz de percebê-los com clareza, uma vez que não têm contínua-lembrança durante o sono. Depois da clara-luz do sono, não acordamos imediatamente, mas ingressamos no estado de sonho e desenvolvemos um corpo do sonho. De modo similar, quando morremos, os ventos densos reúnem-se em nosso coração, e percebemos os sinais internos da morte. Depois da clara-luz da morte, não despertamos imediatamente numa nova vida, mas ingressamos no bardo e desenvolvemos o corpo de um ser do bardo, semelhante ao corpo do sonho.

O ser do bardo possui cinco características: 1) assume o mesmo aspecto que o do próximo renascimento – por exemplo, se um humano for renascer como cachorro, seu corpo do bardo terá o aspecto deste animal e, se um cachorro for renascer como ser humano, seu corpo do bardo terá o aspecto de um humano; 2) ele surge instantaneamente com membros, faculdades sensoriais e demais partes completamente formadas; 3) ele tem poderes miraculosos contaminados – seu corpo não é obstruído por matéria sólida e, assim, pode atravessar muros e montanhas – e possui clarividência contaminada; 4) sua visão também não é obstruída por coisas materiais – ele pode ver através de objetos físicos, como casas, e enxergar coisas a grande distância; 5) só os seres do bardo podem perceber outros seres do bardo – seres humanos comuns, exceto aqueles que possuem algum poder de clarividência, são incapazes de vê-los. Imediatamente após nossa morte, assumiremos a forma de um ser do bardo com essas cinco características.

Na obra *Tesouro de Abidharma*, do mestre budista Vasubandhu, há uma estrofe que explica o aspecto do ser do bardo. Uma interpretação literal da estrofe fez com que alguns estudiosos afirmassem que a forma dos seres do bardo é a mesma que a da vida anterior. Esse mal-entendido reforça a falsa ideia de que os seres do bardo conseguem reconhecer seus antigos familiares e amigos e se comunicar com eles, e que sofrem ao serem ignorados ou ao vê-los de luto. Segundo esse mal-entendido, quando o ser do bardo vê seus familiares comendo, por exemplo, ele se sente excluído e infeliz e, quando percebe que morreu, sente intenso sofrimento e gera forte aversão por seu corpo anterior. No entanto, Vasubandhu, Arya Asanga e muitos outros mestres ensinaram que o formato do ser do bardo corresponde ao da vida futura, não ao da anterior. Argumentos para comprovar esta visão podem ser encontrados nos Sutras de Buda. Os seres do bardo não reconhecem ninguém nem nada da sua vida anterior, nem mesmo o corpo que acabaram de deixar.

Alguns estudiosos afirmam que o tempo de vida do ser do bardo é de sete dias. Dizem que, nos primeiros três dias e meio, ele assume o aspecto do corpo que tinha em sua vida anterior e que, nos outros três dias e meio, assume o aspecto do corpo da vida futura. Mais uma vez, os escritos de Vasubandhu e Asanga refutam esta visão.

Textos populares tibetanos relatam histórias das experiências "daqueles que retornaram da morte" – humanos que voltaram da morte, reanimaram seus cadáveres e trouxeram mensagens de seres do além. Certos Sutras, como o *Sutra do Guru da Medicina*, se tomados literalmente, também parecem afirmar que a consciência de um morto pode retornar ao seu antigo corpo. Isso é refutado por outros textos, como *Comentário à Cognição Válida*, de Dharmakirti. Qual é a explicação correta? Na realidade, "aqueles que retornaram da morte" nunca morreram de fato. Para um observador comum, eles estavam mortos – haviam parado de respirar, e seus corpos estavam frios – mas como sua consciência sutil ainda estava dentro do corpo, eles não haviam morrido efetivamente. Quando se recobraram, lembraram-se de tudo o que ocorreu durante aquela "morte" e relataram tais experiências. É impossível que alguém que tenha realmente morrido volte ao seu corpo, porque a morte é a separação irreversível entre corpo e mente.

No bardo, os seres sofrem muitas alucinações. Segundo seu carma individual, cada um experiencia os medos específicos do reino no qual irá renascer, especialmente dos três reinos inferiores. No entanto, existem três tipos de aparições aterrorizantes vivenciadas pelos seres do bardo em geral. A primeira é denominada "o medo de permanecer no escuro". Levado pelo pavor de permanecer num estado de escuridão perpétua, o ser do bardo procura desesperadamente pela luz. Ocasionalmente, consegue escapar da escuridão e encontra um lugar onde há luz, mas então vê surgirem seres apavorantes. Esta aparição é denominada "a aparição aterrorizante de demônios". O ser do bardo também experimenta o pavor de ser perseguido e capturado por essas criaturas hediondas; isso se chama "a aparição aterrorizante de ser capturado por demônios".

Como a maioria de nós nunca viu nada tão assustador, talvez seja difícil imaginarmos o terror do ser do bardo ao se deparar com tais seres demoníacos. Contudo, podemos ter experiências similares em nossos pesadelos. Da mesma forma que um sonhador está totalmente identificado com seu corpo do sonho, também um ser do bardo se identifica por completo com seu corpo do bardo. A morte é a cessação da conexão entre corpo e mente, de modo que, enquanto a mente e o corpo de um ser do bardo permanecerem ligados, ele é um ser vivo. Ele acredita que seu corpo do bardo é um corpo de verdade, que está vivo, e que suas experiências são reais, e não sente ligação com sua vida anterior.

Os seres do bardo também experienciam um estado de constante mudança e incerteza. Incapazes de permanecer num mesmo lugar por muito tempo, eles se movem incessantemente; isso é denominado "a incerteza de lugar". Ainda que façam contato com outros seres do bardo, eles não têm controle sobre a duração desse encontro; isso é denominado "a incerteza de amigos". O ambiente de um ser do bardo está em constante mudança, de modo que um lugar aparentemente calmo pode rapidamente se transformar em algo apavorante e perigoso; isso é denominado "a incerteza de aparência".

No bardo, alguém que anteriormente levou uma vida não virtuosa sente que está caindo de ponta-cabeça de escuridão em escuridão. Da escuridão, surgem alucinações pavorosas, que causam pavor e desespero. Um ser no bardo experiencia quatro sons aterrorizantes: 1) devido à aparência alterada do elemento terra à sua mente, ele ouve um som semelhante ao desmoronamento estrondoso de uma imensa montanha rochosa e, apavorado, sente-se como que esmagado pelas pedras; 2) devido à aparência alterada do elemento água à sua mente, ouve um som semelhante ao arrebentar de gigantescas ondas e, apavorado, sente-se como que arrastado pela força das águas desse oceano; 3) devido à aparência alterada do elemento fogo à sua mente, ouve um som semelhante ao crepitar de labaredas que se alastram velozmente pelas quatro direções e, apavorado, sente-se como que preso em meio às chamas; 4) devido à aparência alterada do elemento vento à sua mente, ouve um som semelhante ao ribombar de uma violenta tempestade e, apavorado, sente-se como que engolfado por um furacão.

Um ser do bardo prestes a renascer no inferno vê seres hediondos sob a forma de torturadores. Essa visão causa-lhe medo e dor insuportáveis. Tomado de pavor, ouve os torturadores incitarem um ao outro: "Vamos, bate, mata!". Ouvindo-os, ele entra em pânico e sente-se como que capturado e arrastado por esses violentos carrascos.

Para alguém que levou uma vida virtuosa, o bardo é uma experiência de alegria. Essa pessoa tem a sensação de ascender de alegria em alegria, num ambiente inteiramente banhado pela luz do luar. Os que vão ter um renascimento humano sentem-se como que flutuando para frente, e os que vão renascer como deuses parecem flutuar para cima no espaço.

Quem leva uma vida virtuosa morrerá suavemente e em paz e não terá alucinações perturbadoras, mas quem levou uma vida não virtuosa vai experienciar alucinações apavorantes, tanto na hora da morte como no bardo. No Tibete havia um aristocrata que durante muito tempo foi o organizador do festival de preces e que, todo ano, roubava uma parte do chá que havia sido oferecido aos monges. O chá tibetano é conservado em pequenos blocos maciços, que são posteriormente partidos para o preparo da infusão. Quando estava morrendo, o aristocrata teve uma alucinação de que centenas de blocos de chá o esmagavam até a morte.

Quem leva uma vida não virtuosa terá muito medo e sofrimento no bardo. Devemos rezar constantemente para nos livrar dos caminhos aterrorizantes do bardo e evitar criar as causas para essas experiências.

ENTENDER O RENASCIMENTO

Renascimento, neste contexto, significa um renascimento descontrolado, cuja natureza é sofrimento. Seres humanos experienciam o sofrimento de humanos porque nasceram humanos, animais experienciam o sofrimento de animais porque nasceram como animais e assim por diante. O renascimento samsárico é a base da qual surgem todos os sofrimentos dos seis reinos.

As causas principais de um renascimento são nossas próprias ações, ou seja, nosso carma arremessador acumulado. As causas secundárias, ou cooperativas de um renascimento – as condições do renascimento – podem ser de dois tipos, distantes e próximas. A condição distante é o carma de nossos pais de nos terem como filho ou filha. As condições próximas são, por exemplo, eles terem uma relação sexual, e o espermatozóide e o óvulo se unirem no útero materno. Todas essas causas e condições precisam estar reunidas para que o renascimento ocorra.

Se for nascer como humano, o ser do bardo se aproximará progressivamente do local de nascimento, girando em círculos como uma mosca rodeando um pedaço de carne. Chegará cada vez mais perto da casa dos novos pais, do quarto e da cama. Ao vê-los copulando, o ser do bardo sente um forte desejo de se juntar a eles. Se for renascer como mulher, tentará abraçar o pai; se for renascer como homem, tentará abraçar a mãe. Mas seu desejo é frustrado, e ele morre em estado de raiva. Ao morrer, o ser do bardo experiencia todos os sinais da morte muito rapidamente e, quando a clara-luz da morte cessa, sua consciência ingressa na união do espermatozóide e do óvulo, dentro do útero materno. Ela entra passando pela boca do pai, desce até seu órgão sexual e, dali, passa para o útero da mãe. No primeiro momento após a concepção, a única coisa que aparece à mente do novo ser é um total negrume. Então, conforme a consciência se adensa, os sinais remanescentes da morte são experienciados em ordem inversa. No início, o corpo que está no útero materno é líquido, como um iogurte ligeiramente avermelhado. Aos poucos, vai endurecendo e após algumas semanas assemelha-se a um peixe. Semanas mais tarde, lembra uma tartaruga e a seguir um leão. Por fim toma a forma de um ser humano. Depois de nove meses e dez dias, o bebê nasce.

Algumas das explicações aqui apresentadas foram extraídas de outros livros de minha autoria. Ainda que você os tenha lido, não pense que uma nova leitura não seja necessária. Tais explicações não são dadas para propiciar um mero conhecimento intelectual, mas para nos ajudar a obter profundas realizações. Precisamos ler e reler esses textos para nos familiarizar completamente com eles. Eles são como um alimento. Ninguém pensaria que por ter comido ontem, não precisará comer hoje! Para manter um corpo saudável, precisamos nos alimentar todos os dias. Do mesmo modo, para manter nosso conhecimento de Dharma e obter realizações, precisamos ler os textos de Dharma, contemplar e meditar sobre os ensinamentos repetidas vezes.

Como Beneficiar quem está Morrendo ou já tenha Morrido

Como aplicar a prática do powa para o benefício dos outros divide-se em duas partes:

1. Beneficiar quem morreu
2. Beneficiar quem está prestes a morrer

BENEFICIAR QUEM MORREU

Este item divide-se em duas partes:

1. Beneficiar quem morreu por meio da prática do powa
2. Beneficiar quem morreu por meio de preces e dedicatória

BENEFICIAR QUEM MORREU POR MEIO DA PRÁTICA DO POWA

Como praticantes espirituais, podemos ser procurados por familiares ou amigos de alguém que acaba de morrer, solicitando que seja feito um ritual em seu favor. Existem práticas rituais extensas (*Lhogo*, em tibetano), que são feitas juntamente com as práticas de auto-iniciação do Tantra Ioga Supremo, e outras mais curtas, que qualquer pessoa pode realizar. A *Cerimônia de Powa* (apêndice II) pode ser feita, individualmente ou em grupo, para os muitos seres que morrem todos os dias ou para mortes que ocorrem em grandes acidentes, desastres naturais ou guerras. A prática simples aqui apresentada se baseia na sadhana *Caminho de Compaixão para quem Morreu* (apêndice II). Tradicionalmente, ela é realizada num período de até quarenta e nove dias depois da morte.

Buda Luz Gloriosa

Buda O Glorioso Sem Pesar

Buda Filho Sem Ânsia

Iniciamos os preparativos para esse ritual dispondo oferendas e outros itens. A quantidade de oferendas dependerá do que for destinado pelos familiares do falecido para a cerimônia. Usar o dinheiro de uma pessoa que morreu é um meio poderoso para aumentar seu mérito e capacitá-la a estabelecer uma conexão especial com os seres sagrados.

Desenhamos uma flor de lótus numa folha de papel. No centro da flor, escrevemos a inicial do primeiro nome do falecido com tinta vermelha e, logo acima, desenhamos um dossel. Colamos o papel numa vareta, como se fosse uma bandeira, e a colocamos num recipiente adequado, como um pequeno jarro. À sua frente, dispomos uma foto ou um desenho do falecido para simbolizar sua presença.

Sobre um pires, dispomos uma colher de sopa de gergelim preto no formato de um escorpião e, num pequeno recipiente, colocamos combustível para fazer fogo, de preferência carvão. A bandeira com o nome, as sementes de gergelim e o fogo devem ser colocados numa mesa diante do nosso assento. Na frente da foto do falecido, dispomos uma pequena vela num pires.

Então, com forte compaixão por todos os seres sencientes e, em particular, pelo falecido, começamos a sadhana. Ela se divide em duas partes:

1. Autogeração
2. A prática própriamente dita

AUTOGERAÇÃO

Para fazer a autogeração como Avalokiteshvara, devemos seguir as sete etapas da primeira parte da sadhana:

1. Buscar refúgio e gerar a bodhichitta
2. Gerar as quatro incomensuráveis
3. Autogeração como Avalokiteshvara
4. Oferendas à autogeração
5. Louvor

6. Recitação do mantra
7. Dedicatória

A PRÁTICA PRÓPRIAMENTE DITA

Este item divide-se em três partes:

1. Gerar quem morreu como uma pessoa viva
2. Purificar o carma negativo de quem morreu
3. Transferir a consciência de quem morreu para a Terra Pura

GERAR QUEM MORREU COMO UMA PESSOA VIVA

Depois de nos gerar como Avalokiteshvara, o Buda da Compaixão, raios de luz irradiam-se da letra HRIH em nosso coração e chegam até a forma simbólica do falecido, que se desfaz em luz e se torna vazia.

Imaginamos que, do estado de vacuidade, o falecido aparece como se estivesse vivo. Seu corpo é feito de luz e suas mãos estão unidas num gesto de prece. Sabendo que a consciência do falecido está necessariamente num dos três reinos de existência – o reino do desejo, da forma ou da sem-forma –, de novo irradiamos luz do nosso coração para esses três reinos. Imaginamos que a luz fisga a consciência do falecido e, puxando-a de volta, dissolve-a no coração da pessoa gerada em frente. Imaginamos então que a pessoa, viva, está sentada diante de nós.

PURIFICAR O CARMA NEGATIVO DE QUEM MORREU

Antes de poder transferir a consciência do falecido para a Terra Pura, precisamos purificá-la de todo o carma negativo acumulado ao longo de incontáveis vidas anteriores. Isso é feito com a prática da oferenda ardente de Vajradaka, uma Deidade iluminada cuja função é purificar o carma negativo dos seres vivos por meio de ações iradas.

Sentindo orgulho divino de ser Avalokiteshvara, o Buda da Compaixão, emitimos raios de luz da letra HRIH em nosso coração para o coração da pessoa gerada à nossa frente. Isso faz com que todas as marcas cármicas negativas que ela acumulou ao longo de inúmeras vidas saiam do seu corpo pelas narinas sob a forma de incontáveis minúsculos escorpiões, que se dissolvem no escorpião de gergelim à nossa frente.

Depois, concentrando-nos no fogo e reconhecendo que ele é vazio de existência do seu próprio lado, imaginamos que, do estado de vacuidade, aparece um fogo de sabedoria no aspecto da Deidade iluminada Vajradaka, cuja boca está bem aberta.

Enquanto recitamos o mantra de Vajradaka, jogamos no fogo as sementes de gergelim – a natureza do carma negativo do falecido – e imaginamos que Vajradaka as consome. Pegando as sementes entre o polegar e o anular da mão direita, a cada recitação do mantra atiramos um punhado delas no fogo. Ao concluir sete recitações, fazemos uma prece sincera para que o falecido seja purificado de toda negatividade. Continuamos assim até que todas as sementes de gergelim tenham sido queimadas.

TRANSFERIR A CONSCIÊNCIA DE QUEM MORREU PARA A TERRA PURA

Este item se divide em sete partes:

1. Visualização
2. As três percepções
3. Prece dos sete membros
4. Oferenda do mandala curto
5. Pedidos
6. A meditação propriamente dita
7. Dedicatória

VISUALIZAÇÃO

Visualizamos que o corpo do falecido é feito de luz, translúcido como um arco-íris. Na coroa da sua cabeça, está Guru Avalokiteshvara, a síntese de todos os Budas. No coração de Guru Avalokiteshvara, o Dharmakaya de todos os Budas aparece sob a forma de uma joia oval, feita de luz branca e do tamanho de um polegar. Esta é a mente de Guru Avalokiteshvara. Meditamos nessa visualização por algum tempo.

A seguir, visualizamos o canal central do falecido no meio do seu corpo, entre os ombros, mais próximo das costas do que da frente. Ele é translúcido, feito de luz vermelha e tem a espessura de uma flecha. Começa quatro dedos abaixo do umbigo e ascende, pelo meio do corpo, até a coroa. É macio, flexível e muito reto. Sua extremidade inferior é fina e sólida, como uma cauda de serpente, mas conforme ascende ele se torna mais largo e oco. Na coroa, sua extremidade superior se une à porta inferior de Avalokiteshvara.

Dentro do canal central do falecido, na altura do coração, visualizamos sua mente sob a forma de uma gota de luz branca cintilante com um matiz avermelhado, do tamanho aproximado de uma ervilha.

Agora, analisamos mentalmente todos os aspectos dessa visualização e tentamos percebê-los claramente. Começamos pelo corpo de luz do falecido, depois examinamos seu canal central, sua mente-gota, Guru Avalokiteshvara em sua coroa e, no coração dele, o Dharmakaya de todos os Budas sob a forma de uma joia oval de luz branca. A seguir, examinamos na ordem inversa, desde a joia oval no coração de Guru Avalokiteshvara até o corpo de luz do falecido. Repetimos essa meditação de exame, em ordem serial e inversa, até percebermos uma imagem genérica do conjunto da visualização e então meditamos sobre ela sem nos distrair.

AS TRÊS PERCEPÇÕES

Desenvolvemos a seguir as três percepções: 1) a mente do falecido, a gota, é um viajante rumo à Terra Pura; 2) seu canal central é a estrada à Terra Pura; 3) o Dharmakaya de todos os Budas, no coração de Avalokiteshvara, é sua destinação.

PRECE DOS SETE MEMBROS E OFERENDA DO MANDALA CURTO

Com essas percepções especiais, na condição de representantes do falecido, oferecemos a prece dos sete membros e um mandala curto para Avalokiteshvara, que está na coroa do falecido, reconhecendo que Avalokiteshvara é a síntese de todos os Budas e a mesma natureza que nosso Guia Espiritual.

PEDIDOS

Do fundo do nosso coração, fazemos os seguintes pedidos:

Ó Guru Avalokiteshvara, síntese de todos os Budas das dez direções,
Peço que afastes todos os obstáculos internos e externos de . . .
Por favor, abençoa essa pessoa para completar o caminho profundo da transferência
E conduze-a à suprema Terra Pura de Buda.

A MEDITAÇÃO PROPRIAMENTE DITA

Imaginamos que, como resultado dos nossos pedidos unifocalizados, da joia oval de luz branca – o Dharmakaya de todos os Budas no coração de Avalokiteshvara –, um gancho de luz branca desce pelo canal central do falecido e chega até a mente-gota em seu coração. Conforme a gota é fisgada, fazemos o som "HIC" e imaginamos, com forte concentração, que a mente-gota ascende, do coração do falecido ao centro do seu chakra da garganta.

Conforme fazemos o segundo HIC, imaginamos que a gota ascende ao centro do chakra da coroa; e com o terceiro HIC, imaginamos que ela ingressa instantaneamente na porta inferior de

Avalokiteshvara e, ao alcançar seu coração, dissolve-se de modo inseparável no Dharmakaya, a Terra Pura interior de Buda. Acreditamos intensamente que o falecido renasceu na Terra Pura de Buda e meditamos sobre essa convicção pelo maior tempo possível, sem nos distrair.

Tendo transferido a consciência do falecido para a Terra de Buda, imaginamos que seu corpo à nossa frente se dissolve na bandeira com o nome. Acendemos a vela e pensamos que sua natureza é vacuidade. Do estado de vacuidade, aparece um fogo de sabedoria de cinco cores, a natureza das cinco famílias de Buda. Seguramos a bandeirola acima da vela, recitando o mantra de Avalokiteshvara, OM MANI PEME HUM. Enquanto ela é queimada pelo fogo de sabedoria, imaginamos que o corpo do falecido é purificado e que ele alcança o Corpo-Forma de um Buda.

DEDICATÓRIA

Concluímos dedicando todo o nosso mérito passado, presente e futuro e, em particular, o mérito desta prática, para que o falecido conquiste a plena iluminação.

Existe outro ritual de powa para o benefício de quem morreu, que se baseia na sadhana *Oferenda ao Guia Espiritual* (*Lama Chopa*, em tibetano). Explicações detalhadas sobre essa prática podem ser encontradas no livro *Grande Tesouro de Mérito*.

BENEFICIAR QUEM MORREU POR MEIO DE PRECES E DEDICATÓRIA

Se formos solicitados a realizar um rito fúnebre para alguém que morreu recentemente, podemos usar a sadhana *Preces Sinceras* (apêndice II). Trata-se de uma cerimônia fúnebre, na qual os praticantes espirituais se reúnem e fazem preces e dedicatórias para que o falecido tenha um renascimento afortunado. As preces desse ritual constituem apenas uma base para a cerimônia e podem ser adaptadas conforme a necessidade.

Preces feitas por um grupo numeroso de praticantes são, em geral, muito poderosas e não podem ser comparadas às que são realizadas por uma ou duas pessoas. As escrituras fazem referência à analogia de uma vassoura: se tentarmos varrer o chão usando alguns poucos ramos de piaçava, não progrediremos muito; mas, se juntarmos ramos suficientes para fazer uma vassoura, seremos bem-sucedidos.

A prática de beneficiar o falecido por meio de preces e dedicatória divide-se em duas partes:

1. Acumular uma grande coleção de mérito e de sabedoria
2. Dedicar essa coleção para o benefício de quem morreu

ACUMULAR UMA GRANDE COLEÇÃO DE MÉRITO E DE SABEDORIA

Podemos acumular uma grande coleção de mérito e de sabedoria fazendo oferendas abundantes aos seres sagrados e contemplando a *Prece das Etapas do Caminho à Iluminação*. O poder das nossas preces depende da força e da pureza da nossa intenção. Nessa cerimônia, é muito importante que os participantes tenham uma mente de compaixão por todos os seres vivos e, em particular, pela pessoa que morreu. Se tivermos essa motivação genuinamente compassiva, nossas preces com certeza serão eficazes.

Muitas pessoas religiosas, budistas ou não-budistas, compreendem por experiência própria a eficácia de rezar. A prece é por natureza uma intenção ou aspiração; sendo assim, é essencialmente uma ação mental. As palavras de uma prece nos ajudam a concentrar nossa mente e evocar fé, mas elas não são a prece propriamente dita. Na realidade, podemos rezar sem recitar palavras. O mais importante é nos concentrarmos no significado daquilo que estamos recitando, sem nos distrair. Porque somos budistas fazemos preces na frente de uma imagem de Buda ou de uma assembleia visualizada de Budas, considerando-os como Budas vivos. Preces feitas diante desses seres sagrados são muito poderosas para nos levar aos efeitos desejados.

DEDICAR ESSA COLEÇÃO PARA O BENEFÍCIO DE QUEM MORREU

A dedicatória é definida como uma prece que observa nossa própria virtude ou a dos outros e as dirige para uma determinada meta. Neste contexto, dedicamos nossa virtude para o benefício do falecido. Um exemplo de dedicatória seria fazer fartas oferendas em nome de quem morreu e depois rezar: "Pelo mérito dessas oferendas, que . . . possa renascer na Terra Pura de um Buda e alcançar a iluminação". Todas as ações virtuosas produzem efeitos benéficos, e a função da dedicatória é determinar precisamente que tipo de efeito benéfico uma ação virtuosa específica produzirá. Ações virtuosas são como um bom cavalo, e as dedicatórias, como as rédeas que usamos para conduzi-lo. Com uma motivação compassiva, é mais do que certo que nossa dedicatória será eficaz.

Quando era um Bodhisattva, Buda Shakyamuni acumulou uma vasta quantidade de mérito fazendo oferendas abundantes e praticando o dar. Seu Guia Espiritual predisse que, como resultado dessa vasta acumulação de mérito, ele desfrutaria da riqueza de um rei chakravatin por muitos éons. Em vez disso, ele preferiu dedicar todo o seu mérito para que, quando se tornasse um Buda, nenhum dos seus puros seguidores jamais viesse a morrer de fome. Desde então, milhares de praticantes puros vêm sendo beneficiados com a dedicatória de Buda.

O Tibete era um país pobre, e muitos praticantes optaram por viver em áreas inóspitas e inacessíveis para se dedicar à prática espiritual; contudo, nunca nenhum deles morreu de fome. Em todos os países onde o Budadharma floresceu, como China, Índia ou Mongólia, nunca houve um único caso de um puro praticante morrer de fome. Até em regiões assoladas pela fome, em que muitas pessoas morrem de inanição, praticantes puros milagrosamente encontram comida. Assim como aconteceu no passado, enquanto a doutrina de Buda estiver neste mundo, isso continuará se repetindo no futuro. Esse é um exemplo de alguém dedicando suas ações virtuosas de dar aos outros, e dos outros recebendo os benefícios desta dedicatória.

Os Geshes Kadampa costumavam dizer que, quando uma pessoa abandona o apego por riqueza, as riquezas descem sobre ela como pássaros descendo do céu. Assim como os pássaros não vêm de um único lugar, mas de todas as direções, se renunciarmos mentalmente à riqueza, ela virá a nós de muitas diferentes fontes. Essa era a experiência dos Geshes Kadampa.

Após a invasão chinesa do Tibete, um Geshe do monastério Sera, chamado Thubten Tashi, fugiu para o Nepal. Durante a travessia do Tibete, ele conseguiu sobreviver pedindo comida, mas ao chegar no Nepal, ficou sem nenhum alimento. Em vez de desanimar, Thubten Tashi pensou: "Até hoje, fui apegado ao meu corpo e cuidei dele incessantemente, mas não obtive nenhum benefício duradouro. Seria melhor renunciar totalmente ao apego por meu corpo e prazeres e usar o restante da minha vida para praticar o Dharma com pureza e me preparar para a minha próxima vida". Pensando assim, afastou-se do povoado em que estava e caminhou em direção às montanhas, onde encontrou uma choupana de pastores abandonada. Como não tivesse comida, não esperava viver mais do que alguns poucos dias; mas não sentiu medo e usou todo o seu tempo para fazer o ioga de Buda Shakyamuni e as seis práticas preparatórias do Lamrim. Dias mais tarde, alguns pastores apareceram na entrada da choupana e perguntaram o que ele fazia lá. O Geshe respondeu que estava ali para morrer, e que isso deveria ocorrer dentro de uma semana.

Uma semana depois, os pastores voltaram e o encontraram vivo, bem-disposto e nem ao menos com fome. Espalharam a notícia de que um homem extraordinário estava vivendo nas montanhas. Uma mulher idosa ouviu isso e, pensando que talvez fosse um iogue capaz de lhe dar conselhos, foi até a choupana. Ao vê-la, o Geshe imediatamente indagou: "Tens tido maus sonhos?". Ele não queria dizer isso, as palavras saíram espontaneamente da sua boca. Aquela senhora, de fato, tinha vindo vê-lo para perguntar sobre sonhos perturbadores que tivera recentemente. Surpreendida, ela respondeu: "Como sabes que vim procurá-lo por causa de meus sonhos? Só podes ser um Buda". De volta ao vilarejo, ela contou a todos que um Buda vivia nas montanhas, e a fama do monge rapidamente se espalhou. Muitas pessoas levaram-lhe comida e pediram seus conselhos. Geshe Thubten Tashi fez muitas predições que se realizaram e ficou conhecido como Dri Rinpoche. Eu encontrei esse Geshe pessoalmente, e ele me disse que um puro praticante de Dharma não conseguiria morrer de fome mesmo se tentasse fazê-lo! Essa história demonstra o poder da dedicatória de Buda Shakyamuni.

Não há dúvida de que, se dedicarmos nossa virtude com a motivação pura de compaixão, poderemos beneficiar alguém que já morreu. Uma dedicatória feita por um grupo numeroso de praticantes torna-se um método particularmente poderoso de ajudar. Nossas preces e dedicatórias podem, com certeza, impedir o falecido de ter um nascimento inferior e conduzi-lo a um renascimento superior, como na Terra Pura de um Buda.

Esta é uma explicação geral, que pode ser seguida por qualquer pessoa. No entanto, quando a pessoa que morreu é tida como um praticante altamente realizado, um ritual diferente pode ser mais adequado. Nesses casos, a assembleia de praticantes deve primeiro acumular uma grande coleção de mérito e de sabedoria com a prática da *Oferenda ao Guia Espiritual*. Depois, deve dedicar essa coleção de virtudes à satisfação dos desejos do falecido – para que o Budadharma floresça em todo o mundo e para que os seres vivos tenham a oportunidade de ingressar nos caminhos de um Bodhisattva, avançar por todas as suas etapas e por fim alcançar a plena iluminação.

BENEFICIAR QUEM ESTÁ PRESTES A MORRER

Quando soubermos que alguém está próximo da morte, podemos praticar o powa em seu nome.

Primeiro, geramos compaixão pela pessoa contemplando seu sofrimento e a falta de opção sobre seu próximo renascimento. Imediatamente depois da morte, ela vai experienciar os medos e sofrimentos do bardo. Se então essa pessoa nascer como ser humano, terá que passar pelos diversos sofrimentos dos humanos, se nascer como um animal, terá que sofrer as dores do reino animal e assim por diante. Contemplando essa imensa dor, rezamos com muita sinceridade:

> *Que maravilhoso seria se essa pessoa se livrasse do renascimento samsárico. Eu mesmo farei isso acontecer.*

Com essa mente de compaixão, fazemos a sadhana do powa *Caminho de Compaixão para quem está Morrendo*, contemplando profundamente seu significado. Essa sadhana encontra-se no apêndice II.

Em geral, quando uma pessoa está morrendo, é muito importante não tocar nenhuma parte do seu corpo, a não ser a coroa da cabeça. Ao tocar esse ponto, a porta do chakra da coroa se abre, facultando a saída da consciência por esse chakra e conduzindo a pessoa a um renascimento superior. Se a consciência sair por uma das portas inferiores do corpo, ela renascerá num dos reinos inferiores. É muito importante compreendermos esse ponto.

Enquanto uma pessoa que está morrendo ainda for capaz de nos ouvir e de entender o que dizemos, é fundamental ajudá-la a manter a mente calma e em paz, transmitir-lhe ânimo e impedir que se sinta contrariada ou infeliz. Dessa maneira, ela morrerá em paz, sem nenhuma perturbação.

Se a pessoa for um praticante espiritual, poderemos ajudá-la a se lembrar da sua prática diária ou, ao menos, recitar ou cantar suas preces e mantras diários. Também poderemos ajudá-la a pensar no seu Guia Espiritual, em quem ela tem fé.

PARTE DOIS

Integrar as Cinco Forças à Prática de Powa

Buda Flor Gloriosa

Buda que Conhece Claramente através do Deleite da Radiância Pura

Buda que Conhece Claramente através do Deleite da Radiância do Lótus

Motivação e Familiaridade

Na prece ritual *Oferenda ao Guia Espiritual*, o I Panchen Lama diz:

> Se, até a hora de minha morte, eu não tiver completado
> o caminho,
> Busco tuas bênçãos para ir à Terra Pura
> Por meio da instrução de como aplicar corretamente
> as cinco forças,
> O método supremamente poderoso de transferência
> para a Budeidade.

Para que nossa prática de powa seja mais eficaz, devemos associá-la com as cinco forças, que são métodos especiais para fazer nossa prática frutificar. As cinco forças são:

1. A força da motivação
2. A força da familiaridade
3. A força da semente branca
4. A força da destruição
5. A força da prece de aspiração

A primeira força, a força da motivação, consiste em gerar e manter um forte desejo de renascer na Terra Pura de um Buda. Para cumprir esse desejo, precisamos nos familiarizar totalmente com a prática do powa treinando repetidamente – essa é a força da familiaridade. O sucesso do nosso treino dependerá, em grande medida, de acumularmos uma vasta coleção de mérito treinando virtude – essa é a força da semente branca; ela é assim denominada porque, ao treinar, estamos reunindo as condições interiores para que as sementes de virtude amadureçam em nossa mente.

Para nascer numa Terra Pura búdica também temos que purificar todas as ações não virtuosas acumuladas durante incontáveis vidas passadas – essa é a força da destruição. Por fim, precisamos dedicar constantemente nosso mérito para alcançar a meta final, a Terra Pura de um Buda – essa é a força da prece de aspiração. Incorporar as cinco forças à nossa prática de powa nos permitirá completá-la e transferir com sucesso nossa consciência à Terra Pura de um Buda.

A FORÇA DA MOTIVAÇÃO

O primeiro passo para alcançarmos a Terra Pura é desenvolver o desejo de ir para lá; esse desejo é a força da motivação. Precisamos cultivá-lo e aperfeiçoá-lo até que surja espontaneamente. Quanto mais forte for nosso anseio de ir para a Terra Pura, maior será o esforço que investiremos e, com esforço, é certo que conquistaremos nossa meta. Se formos preguiçosos, nada conseguiremos.

Do ponto de vista do Dharma, não querer investir esforço numa tarefa virtuosa é considerado como preguiça. De fato, é a preguiça do apego por prazeres mundanos que nos mantém vagando no samsara em constante sofrimento, tanto que os Budas, que investiram grande esforço no caminho espiritual, desfrutam da liberdade e da felicidade última da plena iluminação.

Certa vez, um iogue tibetano chamado Drugpa Kunleg foi ao principal templo de Lhasa para prestar homenagem a uma estátua de Buda Shakyamuni. Ao chegar diante da estátua, ele se prostrou e disse:

> Ó Buda, no início, tu e eu éramos exatamente iguais.
> Mas depois tu alcançaste a Budeidade pela força de teu esforço,
> Ao passo que eu, devido à minha preguiça, continuo no samsara.
> Assim, a ti hoje eu me prostro.

O que é uma Terra Pura? É um lugar no qual há uma ausência completa de objetos, ambientes e prazeres contaminados. Não há doença, envelhecimento, morte descontrolada ou renascimento descontrolado; e uma vez que não há renascimento samsárico, não há sofrimentos, problemas, medos ou perigos. Os seres que vivem nessas terras possuem corpos e mentes puros e experienciam paz interior permanente. É quase como se tivessem alcançado a libertação, ou nirvana.

Os praticantes que buscam a libertação definitiva do sofrimento normalmente precisam avançar por cinco caminhos espirituais – os caminhos da acumulação, preparação, visão, meditação e Não-Mais-Aprender –, e isso pode levar muitas vidas de prática constante. Os praticantes de powa, por outro lado, podem alcançar a libertação definitiva do sofrimento em alguns minutos, transferindo sua consciência para a Terra Pura de um Buda na hora da morte. Assim, diz-se que o powa é o método para se alcançar a iluminação instantaneamente.

A libertação efetiva, ou nirvana, é a natureza última de uma mente que está completamente livre das delusões. Existem três níveis de libertação: a grande libertação de um Buda, a libertação mediana de um Realizador Solitário e a pequena libertação de um Ouvinte. Aqueles que alcançaram a libertação são conhecidos como Destruidores de Inimigos, porque aniquilaram completamente seu inimigo, as delusões. Também a iluminação possui três níveis, o que mostra que o termo não se refere exclusivamente à iluminação de um Buda. Esses níveis são: a grande iluminação de um Buda, a iluminação mediana de um Realizador Solitário e a pequena iluminação de um Ouvinte. Desse ponto de vista, alguém que tenha alcançado a libertação também terá alcançado a iluminação.

Se um praticante de powa que não ingressou no caminho à libertação aplicar sua prática quando estiver morrendo e renascer na Terra Pura de um Buda, ele terá praticamente alcançado a libertação. Não significa, contudo, que tenha abandonado totalmente suas delusões. Ele continua tendo delusões, como o agarramento ao em-si, mas consegue dominá-las com sua mente pura. As delusões não estão manifestas, mas suas sementes permanecem no continuum mental do praticante. Alguém que alcance a Terra Pura de um Buda, nunca mais terá um renascimento samsárico, mas isso não significa necessariamente que vá alcançar a libertação efetiva, ou Budeidade, com rapidez.

É fácil ver os benefícios pessoais de renascer na Terra Pura de Buda; mas como esse nosso renascimento atual ajudará também os outros seres vivos? Ao meditar sobre compaixão, geramos um sincero desejo de livrar todos os seres vivos dos sofrimentos implacáveis do samsara, mas se nós mesmos não alcançarmos primeiro a libertação do samsara, como poderemos libertar os outros? De que modo uma pessoa que está se afogando pode salvar outra? Pensando assim concluímos:

> *Preciso me libertar definitivamente do samsara renascendo na Terra Pura de um Buda, pois só então terei habilidade para salvar outros seres vivos do samsara.*

Meditamos sobre essa determinação, sem nos distrair, pelo maior tempo possível.

Se compreendermos os imensos benefícios de renascer numa Terra Pura tanto para nós como para os outros, desenvolveremos um forte desejo de ir para lá e manteremos esse desejo dia e noite. Por fim, ele surgirá sem esforço e de modo completamente natural. Todas as manhãs, ao despertar, devemos nos lembrar do nosso desejo de ir para uma Terra Pura e, durante o dia, examinar a mente com contínua-lembrança e vigilância para nos certificar de que não o esquecemos. Não devemos nos deixar distrair pelos afazeres mundanos, mas sempre manter uma parte da nossa mente conectada à intenção de ir para uma Terra Pura.

A FORÇA DA FAMILIARIDADE

Para realizar nosso desejo de alcançar a Terra Pura de um Buda, precisamos nos familiarizar profundamente com a prática do powa; essa é a força da familiaridade. Com familiaridade, até a mais difícil das tarefas torna-se fácil. Por exemplo, aprender a dirigir ou usar um computador pode parecer difícil inicialmente; mas à medida que dominamos as noções básicas e praticamos com regularidade, isso vai se tornando mais fácil e natural. De modo similar, no início podemos achar difíceis as preliminares e a prática própriamente dita do powa, mas à medida que nos familiarizamos com elas na prática diária, será cada vez mais fácil e natural fazê-las. Vamos, então, ser capazes de praticar o powa durante o sono. Por fim, quando estivermos morrendo, será fácil transferir nossa consciência para uma Terra Pura.

Nos ensinamentos de Lamrim, conta-se a história de uma velha senhora, que era dona de uma vaca que morreu ao parir o bezerro. Todas as manhãs a senhora levava o bezerro para pastar na grama do jardim e tomar um pouco de sol e, ao cair da tarde, voltava com ele para casa. Ela fez isso por tanto tempo e habituou-se a tal ponto com a tarefa que, mesmo quando o bezerro se tornou um animal adulto, ela continuou a levá-lo para dentro e para fora de casa. Com familiaridade tudo é possível!

Para nos familiarizar completamente com a prática do powa, devemos investir bastante esforço, o que significa praticar com regularidade. Se possível, devemos fazer uma sessão a cada quatro horas, completando seis sessões num de 24 horas. Podemos, por exemplo, iniciar a primeira sessão às 6 da manhã, a segunda às 10, a terceira às 14, e as demais às 18, 22 e 2 horas. No dia seguinte, recomeçaremos às 6 da manhã e assim por diante.

Entre as sessões, devemos tentar não nos esquecer da nossa experiência de meditação, fazer repetidas práticas para acumular mérito e muitas dedicatórias para que alcancemos a Terra Pura de um Buda. Também precisamos receber continuamente as bênçãos de todos os seres sagrados por meio da nossa sincera confiança em nosso Guia Espiritual. As escrituras dizem que, quando um discípulo confia sinceramente no seu Guia Espiritual, os seres iluminados, mesmo sem convite, ingressam e permanecem no corpo do Guia Espiritual e aceitam as oferendas, o respeito e a devoção do discípulo. Dessa maneira, o discípulo recebe as bênçãos de todos os seres sagrados por intermédio do seu ou da sua Guia Espiritual.

Se praticarmos assim, obteremos uma profunda experiência do powa e seremos capazes de aplicá-lo sem obstáculos durante a nossa morte, conquistando assim nossa meta final.

Como foi dito, é particularmente importante nos familiarizarmos por completo com a sensação de que nossa mente se misturou com o Dharmakaya, a Terra Pura interior de um Buda. Na parte final da meditação powa, nossa mente-gota se dissolve na mente de Avalokiteshvara. Como a mente de Avalokiteshvara é a natureza de grande êxtase, imaginamos que também nós estamos experienciando grande êxtase. Interrompemos, então, qualquer aparência de objetos convencionais, de modo que percebamos somente um espaço vazio, nada mais. Consideramos esse espaço vazio como a vacuidade de existência inerente e sentimos que nossa mente de êxtase se mistura com essa vacuidade. Imaginando que estamos experienciando a união de êxtase e vacuidade do Dharmakaya, retemos essa sensação unifocadamente pelo maior tempo possível. Para aprofundar a experiência dessa meditação, precisamos aperfeiçoar nossa compreensão da vacuidade de todos os fenômenos. Quando tivermos nos familiarizado completamente com isso, com certeza seremos capazes de transferir nossa consciência para uma Terra Pura na hora da morte.

Treinar Virtude

A FORÇA DA SEMENTE BRANCA

Treinar a meditação powa é como plantar sementes no campo da nossa consciência. No entanto, se a colheita de virtude – alcançar uma Terra Pura – vai ou não amadurecer depende de reunirmos as condições necessárias, que são mérito e bênçãos. Assim como o crescimento de sementes comuns depende de nutrientes adequados e da umidade do solo, também o crescimento das sementes brancas de virtude depende de reunirmos mérito e bênçãos suficientes. Mérito e bênçãos fortalecem nossa mente para sustentar o crescimento de virtude e garantem que esta virtude amadureça como o resultado almejado. Uma mente com pouca ou nenhuma quantidade de mérito e bênçãos é como um solo pobre; ainda que nos familiarizemos com a meditação powa, nossa mente será fraca demais para gerar realizações, e encontraremos muitos obstáculos. Por outro lado, enriquecendo-a com mérito e bênçãos, não teremos dificuldade para satisfazer nosso desejo de renascer na Terra Pura de um Buda. Reunir as condições necessárias para que as sementes de virtude cresçam em nossa consciência é a força da semente branca.

Para acumular mérito precisamos treinar virtude. O que é virtude? É um fenômeno cuja principal função é produzir felicidade. Objetos materiais, como presentes, dinheiro ou comida, talvez produzam felicidade temporária, mas dependendo do uso que se faça deles também podem causar sofrimento; logo, não podemos dizer que sua função *principal* seja produzir felicidade. Um fenômeno virtuoso, contudo, só pode causar felicidade, jamais dor.

Precisamos cultivar e aperfeiçoar onze tipos de mentes virtuosas:

1. Fé
2. Senso de vergonha
3. Consideração pelos outros
4. Antiapego
5. Antiódio
6. Anti-ignorância
7. Esforço
8. Maleabilidade mental
9. Conscienciosidade
10. Equanimidade
11. Antinocividade

FÉ

Como diz o Bodhisattva Shantideva, o Budadharma é o único remédio capaz de curar a doença das delusões e, assim, nos libertar do sofrimento. Contudo, se não tivermos fé no Dharma, nunca desenvolveremos o desejo sincero de praticá-lo e, se não o praticarmos, não teremos outro método para solucionar nossos problemas diários, que nascem de delusões como apego, raiva, inveja e ignorância. Nossos problemas nunca acabarão por si mesmos, e teremos que experienciar contínuo sofrimento, vida após vida.

A fé é a raiz das realizações espirituais. Sem ela, nossa mente é como uma semente queimada; e, assim como sementes queimadas não germinam, conhecimento sem fé nunca produz realizações de Dharma, especialmente as realizações tântricas. Fé no Dharma induz uma forte intenção de praticá-lo, o que por sua vez induz esforço. Com esforço, podemos realizar qualquer coisa.

Por mais que estudemos, se não tivermos fé no Dharma, nosso conhecimento intelectual nunca nos ajudará a reduzir as delusões, a raiz de todo o sofrimento. Podemos até nos tornar orgulhosos do nosso conhecimento, provocando desse modo um aumento das nossas delusões. Conhecimento de Dharma sem fé não nos ajuda a purificar negatividades. Podemos até criar um pesado carma negativo se usarmos o sagrado Dharma para ganhar dinheiro, boa reputação, poder ou autoridade política.

Se tivermos fé no Dharma, também teremos fé em Buda, a fonte do Dharma, e na Sangha, os guias que nos ajudam a praticá-lo. Se confiarmos sinceramente nessas Três Joias com fé e convicção, seremos verdadeiros budistas.

Para cultivar e aumentar nossa fé no Dharma, precisamos de um método especial para ouvir e estudar. Por exemplo, ao ler um livro que contém ensinamentos puros, devemos pensar:

> *Este livro é como um espelho que reflete todas as minhas falhas de corpo, fala e mente. Ao revelar meus defeitos, ele me oferece a grande oportunidade de superá-los e, assim, removê-los do meu continuum mental.*
>
> *Este livro é um remédio supremo. Praticando as instruções que ele contém, posso me curar das doenças das delusões, que são a verdadeira fonte de todos os meus problemas e sofrimentos.*
>
> *Este livro é a luz que dissipa a escuridão da minha ignorância, os olhos que me permitem enxergar o caminho à libertação e à iluminação, e o supremo Guia Espiritual, de quem posso receber os conselhos mais profundos e libertadores.*

Independente da fama do seu autor, se um livro contiver o puro Dharma, ele será como um espelho, como um remédio, como a luz, como os olhos, e será um supremo Guia Espiritual. Se sempre lermos os livros de Dharma e ouvirmos os ensinamentos com esse reconhecimento especial, é certo que nossa fé e sabedoria aumentarão.

SENSO DE VERGONHA E CONSIDERAÇÃO PELOS OUTROS

O senso de vergonha e a consideração pelos outros são os alicerces da disciplina moral, em particular da disciplina moral de abstenção. A prática de disciplina moral é a principal proteção

Buda Riqueza Gloriosa

Buda Contínua-Lembrança Gloriosa

Buda Nome Glorioso de Grande Renome

contra renascimentos inferiores e a causa fundamental de um renascimento elevado.

Nagarjuna disse que, enquanto os prazeres advêm da generosidade, a felicidade de um renascimento elevado advém da prática de disciplina moral. Os resultados de praticar o dar podem ser experienciados num reino elevado ou num reino inferior, na dependência de a prática ter sido ou não associada à disciplina moral. Sem disciplina moral, nosso carma de ter praticado o dar amadurecerá num reino inferior. Por exemplo, como resultado de ações de dar acumuladas em vidas anteriores, alguns cachorros de estimação usufruem condições melhores que a de muitos humanos – são mimados por seus donos e nutridos com comidas especiais, dormem em almofadas macias e são tratados como um filho querido. Apesar de todo esse conforto, essas pobres criaturas nasceram numa forma de vida inferior, com corpo e mente de animal. Eles não possuem nem a base física nem a base mental para continuar praticando o dar ou qualquer outra ação virtuosa. Não podem compreender o significado do caminho espiritual nem transformar suas mentes. Uma vez que eles não têm a oportunidade de continuar criando o carma virtuoso de dar, assim que o carma anterior se esgota pelo próprio desfrute dessas boas condições, seus prazeres chegam ao fim e, numa vida futura, eles vão experienciar pobreza e fome. Isso acontece porque não praticaram o dar associado à disciplina moral e, portanto, não criaram causas para um renascimento elevado.

O senso de vergonha e a consideração pelos outros são ambos caracterizados por uma determinação de se abster de cometer ações negativas e inadequadas e de quebrar votos e compromissos. Essa determinação é a verdadeira essência da disciplina moral. Vamos gerá-la e sustentá-la, contemplando os benefícios de praticar disciplina moral e os perigos de quebrá-la. Em particular, devemos sempre lembrar que, sem disciplina moral, não teremos a possibilidade de renascer num reino elevado, que dirá na Terra Pura de um Buda!

A diferença entre o senso de vergonha e a consideração pelos outros é que, com o primeiro, evitamos ações inadequadas por razões que dizem respeito a nós mesmos e, com o segundo, evitamos ações inadequadas por razões que dizem respeito aos outros. Assim, o senso de vergonha faz com que nos abstenhamos de ações inadequadas, lembrando-nos de que é impróprio cometê-las porque somos, por exemplo, um praticante espiritual, uma pessoa ordenada, um professor, um adulto etc. Estaremos motivados pelo senso de vergonha se pensarmos "não é certo matar insetos porque sou budista" e, então, tomarmos a firme decisão de não matá-los. Nosso senso de vergonha nos protege de cometer ações negativas, fazendo apelo à nossa consciência e a padrões de comportamento que julgamos adequados. Se não conseguirmos gerar senso de vergonha, acharemos extremamente difícil praticar disciplina moral.

Exemplos de consideração pelos outros são deixar de falar algo desagradável para não aborrecer outra pessoa ou desistir de pescar devido ao sofrimento que isso causa ao peixe. Devemos praticar consideração sempre que estivermos com os outros, pensando se nosso comportamento poderá perturbá-los ou causar-lhes algum dano. Nossos desejos são infinitos e alguns deles, se concretizados, causariam muita dor aos outros. Portanto, antes de agir sob a influência de um desejo, precisamos avaliar se vamos perturbar ou prejudicar os outros e, se acharmos que sim, devemos desistir de fazê-lo. Se nos preocuparmos com o bem-estar dos outros, praticaremos consideração naturalmente.

Praticar consideração pelos outros é importante para todos, sejam budistas ou não. Se agirmos com consideração, os outros vão nos apreciar e respeitar, e nossas amizades e relações familiares vão se tornar harmoniosas e duradouras. Mas, não havendo consideração, as relações rapidamente se deterioram. A consideração impede que os outros percam a fé em nós e é a base para o desenvolvimento de uma mente de regozijo.

Seremos uma pessoa boa ou má, dependendo de termos ou não senso de vergonha e consideração pelos outros. Sem essas duas mentes, nosso comportamento cotidiano logo se tornará negativo, fazendo com que os outros se afastem de nós. O senso de vergonha e a consideração são como belas vestimentas que nos tornam atraentes aos olhos dos outros. Sem isso, somos como uma pessoa desnuda, a quem todos tentam evitar.

ANTIAPEGO

Neste contexto, antiapego é a mente de renúncia, o oponente do apego. Renúncia não é um desejo de abandonar nossa família, amigos, casa ou trabalho e nos tornarmos um mendigo; é uma mente que atua para acabar com o apego por prazeres mundanos e que busca a libertação do renascimento samsárico.

Precisamos aprender como acabar com nosso apego por meio da prática de renúncia, ou ele será um sério obstáculo ao nosso renascimento numa Terra Pura. Se um praticante de powa desenvolver apego por sua casa, família, corpo ou posses quando estiver morrendo, isso automaticamente lhe fechará a porta para a Terra Pura. Assim como um pássaro não pode voar se tiver pedras amarradas nas patas, uma mente apegada às posses mundanas também não poderá seguir para uma Terra Pura.

O momento de praticar renúncia é agora, antes da morte. Precisamos reduzir nosso apego pelos prazeres mundanos, compreendendo que são enganosos e que não podem nos oferecer satisfação verdadeira. Na realidade, eles só nos fazem sofrer. Os praticantes de powa querem ir para uma Terra Pura, mas ali terão poucas oportunidades para aperfeiçoar renúncia ou compaixão, uma vez que nessas terras não existe sofrimento – tudo é puro. Portanto, esta vida humana, com todos os seus sofrimentos e problemas, é uma grande oportunidade para aperfeiçoarmos nossa renúncia e compaixão. Não devemos desperdiçar esta preciosa oportunidade. A realização de renúncia é a porta de entrada para o caminho espiritual à libertação e à iluminação. Sem renúncia, não conseguiremos sequer ingressar no caminho espiritual, que dirá avançar nele.

Para desenvolver e aumentar nossa renúncia, devemos contemplar repetidamente nossa difícil situação no samsara:

Porque minha consciência não tem um começo, já experienciei incontáveis renascimentos no samsara e tive incontáveis corpos. Se todos eles fossem reunidos, ocupariam o mundo inteiro, e o sangue e demais fluídos que corriam dentro deles formariam um oceano. Tão grandes foram meus sofrimentos em todas essas vidas que derramei lágrimas de dor suficientes para formar um outro oceano.

A cada vida, passei pelos tormentos de adoecer, envelhecer, morrer, ser separado de pessoas queridas e não poder satisfazer meus desejos. Se eu não alcançar a libertação permanente do sofrimento agora, terei de passar por tudo isso repetidamente em incontáveis vidas futuras.

Contemplando assim, tomamos a firme decisão de abandonar o apego pelos prazeres mundanos e conquistar a libertação permanente do renascimento samsárico e, então, meditamos sobre essa determinação. Devemos fazer essa contemplação e meditação todos os dias.

Existem dois tipos de renúncia: a que está no continuum mental de um Hinayanista e a que está no continuum mental de um Bodhisattva. A renúncia de um Bodhisattva é uma parte de sua bodhichitta. A bodhichitta é uma mente primária motivada por grande compaixão que espontaneamente deseja alcançar a grande libertação de um Buda. Essa mente preciosa possui duas partes: uma intenção de salvar todos os seres vivos do renascimento samsárico, que é compaixão, e um desejo espontâneo de alcançar a grande libertação de um Buda, que é um tipo de renúncia. Assim, a renúncia de um Bodhisattva é motivada pela compaixão, ao passo que a renúncia de um Hinayanista é motivada por interesse pessoal.

ANTIÓDIO

Neste contexto, antiódio é amor, o oponente do ódio. Muitas pessoas experienciam problemas porque o amor que sentem está misturado com apego. Para elas, quanto mais o "amor" cresce, maior se torna seu apego desejoso. Quando seus desejos não são satisfeitos, elas ficam aborrecidas e com raiva. Se o objeto do seu apego, como um namorado, simplesmente ousar conversar com outra pessoa, elas ficarão enciumadas ou agressivas. Isso indica claramente que o que sentem não é amor de verdade, mas apego. Amor verdadeiro nunca é causa de raiva; é o oposto da raiva e jamais acarreta problemas. Se amarmos cada pessoa como uma mãe ama seu filho mais querido, não haverá base para surgirem problemas, porque nossa mente estará sempre em paz. Amor é a verdadeira proteção interior contra o sofrimento.

O amor é uma mente virtuosa motivada por equanimidade, para a qual seu objeto aparece como belo ou agradável. A equanimidade é uma mente equilibrada que nos impede de gerar raiva e apego, por meio da aplicação de oponentes específicos. Reconhecendo que raiva e apego são prejudiciais, tal como veneno, a equanimidade impede que se desenvolvam e mantém nossa mente em paz. Quando a mente de equanimidade está manifesta, somos equilibrados e calmos, porque estamos livres das mentes perturbadoras de apego, raiva e outras delusões.

Cultivar equanimidade é como lavrar a terra – retiramos da mente as pedras e pragas da raiva e do apego. Praticar amor é como regar o solo, treinar em compaixão é como semeá-lo, e gerar a bodhichitta é como fazer as sementes brotarem. A colheita final é o estado supremo da Budeidade, a plena iluminação.

Existem três tipos de amor: o amor afetuoso, o amor apreciativo e o grande amor. Em geral, sempre que uma mãe vê ou pensa no filho querido, sua mente se alegra e ela experimenta um sentimento caloroso no coração, algo que será especialmente forte se ela reencontrar o filho depois de uma longa separação. Esse sentimento caloroso e de deleite é o amor afetuoso. A afeição da mãe pelo filho dá origem ao sentimento de que ele é muito precioso e importante – este é o amor apreciativo. Este, por sua vez, faz surgir um forte desejo de dar felicidade ao filho, que é o grande amor.

Precisamos aprender a amar todos os seres vivos dessas três maneiras. Sempre que encontramos uma pessoa, devemos nos alegrar e gerar um sentimento caloroso a seu respeito. Com base nesse sentimento de afeição, devemos gerar o amor apreciativo, de modo que venhamos a sentir sinceramente que ela é preciosa e importante. Se apreciarmos os outros dessa maneira, não será difícil gerar o grande amor, o desejo de dar-lhes felicidade.

Um passo importante para aprender a amar os outros é compreender que o apreço por nós mesmos, ou egoísmo, é a fonte de todos os nossos problemas e sofrimentos, ao passo que apreciar os outros é a fonte de toda a nossa felicidade e paz. Com essa compreensão, tomamos a firme decisão de apreciar todos os seres vivos sem exceção e depois colocamos essa decisão em prática. Quando queremos muito fazer algo, não há dúvida de que o faremos, porque sempre seguimos nossos próprios desejos. Se quisermos roubar, roubaremos, se quisermos matar, mataremos, e se quisermos verdadeiramente apreciar os outros, com certeza o faremos. O ponto principal é ter o forte desejo de apreciar os outros. Se entendermos profundamente que apreciar os outros traz imenso benefício para todos, nós e eles, e que intenções e atitudes egoístas só nos prejudicam, sentiremos naturalmente o desejo de apreciar os outros. Na realidade, não é tão difícil apreciar todos os seres vivos – precisamos simplesmente mudar nossa intenção.

Também podemos gerar e aumentar nosso amor e afeição por todos os seres vivos lembrando-nos da sua grande bondade para conosco. Tudo o que temos deve-se à bondade dos outros. Toda a felicidade temporária e última surge da bondade alheia. Hoje, temos um precioso corpo humano que nos possibilita desfrutar de todos os prazeres e oportunidades de uma vida humana, inclusive da grande chance de seguir um caminho espiritual. De onde vem este corpo? Originariamente, veio do espermatozóide e do óvulo dos nossos pais e depois cresceu e se desenvolveu devido aos alimentos que ingerimos e aos cuidados que recebemos – os quais nos foram proporcionados, direta ou indiretamente, pelos outros. Assim, nosso corpo é um produto da bondade dos outros.

Não existe sequer a mais ínfima experiência de felicidade que não tenha surgido da bondade dos outros. Não trouxemos nada da nossa vida anterior, mas assim que nascemos deram-nos casa, roupas, comida e, mais tarde, educação. De onde vieram todas essas coisas? Da bondade dos outros. Todas as facilidades com as quais estamos acostumados, como casas, estradas, lojas, carros, escolas, hospitais e cinemas, são produzidas unicamente pela bondade dos outros. Quando viajamos de carro ou de ônibus, achamos normal que existam estradas, contudo, centenas de pessoas trabalharam arduamente, e muitos recursos foram gastos para construí-las e continuam sendo necessários para mantê-las seguras para o nosso uso. Pode-se argumentar que operários não constroem estradas por razões altruístas, mas por dinheiro. Contudo, embora eles possam ter trabalhado sem a intenção de nos beneficiar, o fato é que fomos beneficiados por suas ações e, do nosso ponto de vista, isso é uma bondade.

Podemos também argumentar que nada nos é dado de graça, e temos de trabalhar para conseguir o que queremos. Quando fazemos compras ou comemos num restaurante, é preciso pagar por isso. Pode ser que tenhamos um carro, mas foi necessário comprá-lo e agora precisamos pagar a gasolina, os impostos e o seguro. De fato ninguém nos dá nada de graça, mas de onde tiramos nosso dinheiro? Talvez digamos que foi ganho com o suor do nosso trabalho, mas são os outros que nos dão o trabalho e, assim, indiretamente são eles que nos fornecem o dinheiro com o qual pagamos pelos nossos divertimentos. Se pensarmos desse modo, veremos que nossa felicidade e, de fato, toda a felicidade do mundo é resultado da bondade dos outros.

Contemplando as inúmeras maneiras pelas quais os outros são bondosos conosco, tomaremos a firme decisão: "Preciso apreciar os outros porque eles são muito bondosos comigo". Apoiados nessa determinação, geramos um sentimento de apreço por eles – uma noção de que os outros são importantes, assim como sua felicidade. Tentamos misturar nossa mente com essa sensação de maneira unifocalizada e mantê-la, pelo maior tempo possível, sem esquecê-la. Então, quando saímos da meditação, levamos essa sensação para nossa vida diária de modo que sempre que encontrarmos alguém, pensaremos: "Essa pessoa é importante. Sua felicidade é importante". Dessa maneira, apreciar os outros se converterá na nossa prática principal.

Precisamos alcançar a iluminação, porque neste mundo impuro não há felicidade verdadeira. Ora, nossa habilidade de ingressar no caminho espiritual, de avançar nele e de alcançar a plena iluminação depende inteiramente da bondade dos seres vivos. Sem os seres vivos, que servem como os objetos do nosso amor e compaixão, jamais poderíamos cultivar essas mentes e, sem amor e compaixão por todos os seres vivos, nunca alcançaríamos a plena iluminação. Portanto, todos os seres vivos são preciosos e importantes para nós, porque todos atuam como objetos do nosso amor e compaixão.

É devido à bondade dos outros que temos a oportunidade de ouvir e contemplar os ensinamentos sagrados de Buda e de meditar sobre eles. Os outros seres nos deram todas as condições necessárias para nossa prática espiritual. Se não houvesse seres vivos com quem praticar o dar, testar nossa paciência, cultivar amor e compaixão ou a quem ajudar, nunca conseguiríamos obter todas as qualidades necessárias para nos iluminar. É por isso que o Bodhisattva Shantideva disse que os seres sencientes são tão importantes e preciosos quanto os Budas.

Lembrando-nos disso, devemos sempre nutrir carinho e afeição pelos seres que encontramos. Depois de gerar amor afetuoso e amor apreciativo por todos os seres sencientes, praticando os métodos anteriormente explicados, devemos contemplar detalhadamente sua falta de felicidade verdadeira. Dessa maneira, vamos gerar o grande amor – o desejo de que todos sejam felizes. Contemplando os diferentes sofrimentos pelos quais todos os seres vivos têm que passar, cultivamos compaixão – o desejo de libertá-los do renascimento samsárico, a base de todos os seus sofrimentos.

Embora vejamos muitos seres infelizes e sofrendo, não costumamos sentir compaixão por eles, porque nos falta amor afetuoso e apreciativo. O desenvolvimento da compaixão depende inteiramente de gerarmos, em primeiro lugar, esses dois tipos de amor. Se realmente apreciarmos os outros, sempre que presenciarmos seu sofrimento ou ouvirmos falar dele, a compaixão surgirá naturalmente em nós; e, sempre que virmos sua falta de felicidade ou ouvirmos falar disso, sentiremos grande amor. Grande amor e compaixão são como os dois lados de uma moeda – com grande amor, desejamos fazer os outros felizes, e com compaixão, queremos livrá-los do sofrimento.

ANTI-IGNORÂNCIA

A anti-ignorância é a sabedoria que realiza a ausência do em-si – o oponente à ignorância do agarramento ao em-si. Nosso agarramento ao em-si nos faz vagar indefinidamente no samsara, o ciclo de morte, renascimento e sofrimento descontrolados. Primeiro, geramos uma mente conceitual que pensa "eu" e se agarra ao nosso eu como se fosse verdadeiramente existente; depois, geramos uma mente que pensa "meu" e se agarra aos outros fenômenos como verdadeiramente existentes. Como consequência, geramos apego por objetos atraentes, raiva por objetos desagradáveis e ignorância por objetos neutros. Pela força dessas delusões, criamos as ações contaminadas, ou carma, que nos arremessam em repetidos renascimentos samsáricos. Se renascermos como ser humano, teremos que experienciar os problemas e os tormentos dos humanos; se renascermos como animal, experienciaremos os sofrimentos específicos de um animal e assim por diante. Se contemplarmos sinceramente o processo samsárico e tentarmos compreender como funciona, entenderemos claramente que a ignorância do agarramento ao em-si é a raiz de todo o sofrimento.

Se não queremos ter problemas e sofrimentos, temos que cortar o continuum do nosso agarramento ao em-si. O método que Buda ensinou para fazer isso consiste em compreender a ausência do em-si, ou vacuidade – a ausência de existência verdadeira de pessoas e fenômenos. Pessoas e outros fenômenos não possuem existência do seu próprio lado, ou em si mesmos, mas existem como mera imputação do pensamento conceitual. Se compreendermos isso profundamente e nos familiarizarmos por completo com a verdade dessa ausência do em-si, poderemos cortar o continuum do nosso agarramento ao em-si.

O mestre budista Chandrakirti usa a analogia de uma cobra imaginada para mostrar que todos os fenômenos são meramente imputados pelo pensamento. Um homem que atravessa um campo ao anoitecer depara-se com um rolo de corda rajada na grama e, confundindo-o com uma cobra, sente medo. Embora uma cobra apareça com nitidez à sua mente, essa cobra não existe do seu próprio lado. Ela é uma mera projeção da sua mente, imputada pelo pensamento conceitual tendo a corda como base. Afora isso, nenhuma cobra pode ser encontrada, pois nem o rolo de corda como um todo, nem qualquer uma das suas partes é uma cobra.

É desse modo que todos os fenômenos são meramente imputados pelo pensamento conceitual. Por exemplo, nosso eu não existe do seu próprio lado, mas é uma mera projeção da mente, imputada conceitualmente ao nosso corpo e mente. Se tentarmos encontrar um eu além da mera imputação conceitual "eu", nada encontraremos, pois o eu não é o conjunto de corpo e mente nem qualquer uma das partes individuais do corpo e da mente. Fenômenos existentes, como o eu, diferem da cobra imaginada porque são imputações válidas. Porém, não há diferença no sentido de que ambos são meras imputações do pensamento conceitual.

Na analogia, porque o homem vê o rolo de corda ao anoitecer, ele equivocadamente apreende uma cobra e sente medo. Para eliminar seu medo, ele precisa eliminar a mente que apreende uma cobra, compreendendo que não há cobra alguma naquele lugar. Ainda assim, se o rolo de corda for deixado ali, persistirá o risco de que o mesmo erro ocorra no futuro. Remover a corda do lugar é a única maneira de afastar esse perigo. Da mesma maneira, os seres sencientes, observando seu corpo e mente na escuridão da sua ignorância, equivocadamente apreendem um eu inerentemente existente. A mente que se agarra ao eu inerentemente existente é a raiz do samsara e a fonte de todo o medo. Para eliminar os medos do samsara, temos que eliminar essa mente, compreendendo que não existe um eu inerentemente existente. Mesmo assim, se continuarmos a nos agarrar a um corpo e mente inerentemente existentes, persistirá o risco de que a mente que se agarra ao eu inerentemente existente reapareça. Portanto, a única maneira de afastar por completo os medos do samsara é compreendendo a ausência de existência inerente do eu – a ausência do em-si de pessoas – e, depois, realizando a ausência de existência inerente de outros fenômenos como o corpo e a mente – a ausência do em-si de fenômenos.

Podemos usar outras analogias, tais como confundir uma mancha na parede com uma aranha, confundir uma pilha de pedras, vista à distância, com uma pessoa ou sentir medo durante um filme. Contemplando-as, entenderemos por que todos os fenômenos são meramente imputados pelo pensamento e não existem do lado do objeto. A carência de existência inerente de um fenômeno, ou seja, o fato de ele não existir do seu próprio lado, é sua vacuidade e sua natureza verdadeira, ou última. Devemos meditar sobre essa vacuidade.

É útil imaginar como seria um objeto inerentemente existente, caso ele de fato existisse. As expressões "existência inerente", "existência verdadeira" e "existência do seu próprio lado" são sinônimos. Algo seria inerentemente existente se tivesse existência em si mesmo, independente de outros fenômenos; algo seria verdadeiramente existente se existisse verdadeiramente tal como aparece e pudesse ser encontrado sob investigação; e algo existiria do seu próprio lado se sua existência fosse estabelecida do lado do próprio objeto, independente de uma consciência que o apreendesse. Não há nada que exista dessas maneiras. Nada é inerentemente existente, nada é verdadeiramente existente e nada existe do seu próprio lado.

Para nós, os seres comuns, todos os objetos aparecem como se existissem inerentemente. Eles parecem ser independentes da nossa mente e independentes dos outros fenômenos. O universo parece ser constituído por objetos distintos que existem do seu próprio lado. Esses objetos parecem existir por si mesmos como estrelas, planetas, montanhas, pessoas ou carros, todos "à espera" de serem experienciados por seres conscientes. Normalmente, não nos ocorre que estejamos envolvidos de algum modo na existência desses fenômenos. Ao contrário, cada objeto parece ter uma existência completamente independente de nós e de todos os demais objetos. Como veremos, a verdade é outra. O modo como os objetos aparecem é muito diferente do modo como eles de fato existem.

Podemos examinar a questão da existência inerente em termos da noção que temos do nosso eu. Todos nós nos agarramos a um eu ao perceber o conjunto do nosso corpo e mente, mas nem toda apreensão que temos do eu é o agarramento ao em-si. Ao apreender o eu, dois aspectos distintos da mente estão funcionando. Um deles, que é válido, apreende o mero eu convencionalmente existente; o outro, que é não válido, apreende um eu inerentemente existente, um eu que não existe. Este último é a mente de agarramento ao em-si.

Para os seres comuns, esses dois modos de existência do eu, um que realmente existe e o outro que é completamente não existente, aparecem misturados, e é extremamente difícil distinguir um do outro. Há ocasiões, contudo, em que o eu falsamente concebido aparece mais nitidamente, como quando nos sentimos em perigo, constrangidos, envergonhados ou indignados. Se lembrarmos ou imaginarmos uma situação assim, conseguiremos perceber que nessa hora temos um sentido exagerado do eu. Nosso eu parece existir em si e por si mesmo, como se não dependesse em absoluto do nosso corpo ou mente. Por exemplo, se formos falsamente acusados, nunca pensaremos "estão acusando meu corpo e mente". O que pensamos é "estão *me* acusando!", e um eu aparece com nitidez à nossa mente, ferido e indignado.

O mesmo acontece em situações de perigo. Se estivermos numa montanha e nos aproximarmos de uma ponte oscilante sobre um precipício, sentiremos medo de atravessá-la. Nesse momento, o nosso agarramento ao em-si se intensifica, e temos uma percepção exagerada do eu. Não apreendemos um eu que é meramente imputado ao conjunto do nosso corpo e mente, mas nos agarramos freneticamente a um eu que aparece independente do nosso corpo e mente. Nosso medo não é "meu corpo e minha mente podem cair", mas sim "*eu* posso cair!".

Esse eu, ou pessoa, que existe independente do corpo e da mente é um eu inerentemente existente. Ele não existe, e a mente que o concebe é uma percepção errônea. Essa mente é um exemplo de agarramento ao em-si, e o eu ao qual ela se agarra fortemente é o objeto de negação da vacuidade. Isso não quer dizer que o eu não exista em absoluto. Há um eu convencionalmente existente, que é meramente imputado pelo pensamento ao conjunto de corpo e mente. Mas só uma mente aguçada e penetrante será capaz de distinguir esses dois eus – o eu convencionalmente existente do eu não existente, ou inerentemente existente.

É importante compreender que não é só nos momentos de perigo que nos agarramos a essa falsa noção de eu. Para os seres comuns, não há um único instante em que o agarramento a um eu inerentemente existente não esteja funcionando, embora não seja sempre tão intenso. Até os insetos possuem esse agarramento ao em-si. Por exemplo, se pusermos um dedo diante de uma formiga, ela vai parar e mudar de rumo. O que se passa em sua mente? Ela sente medo: "alguém está me prejudicando". Nesse momento, a formiga não está se atendo ao seu corpo ou à sua mente, mas a um eu que aparece vividamente, independente do seu corpo e da sua mente. Essa mente que se atém ao eu é o agarramento ao em-si da formiga.

Embora o eu dependa do conjunto de corpo e mente, devido à força do agarramento ao em-si habitual, sustentamos a visão oposta – parece-nos que o corpo e a mente é que dependem do eu. Normalmente, consideramos que corpo e mente são nossas posses e concebemos um eu que os possui e controla; por isso, dizemos *meu* corpo e *minha* mente. Dessa maneira, agarramo-nos a um eu que é independente do corpo e da mente, e que pode aparecer à mente sem depender do surgimento do corpo, da mente ou de qualquer de suas partes. Na realidade, isso é impossível.

O que vale para o eu, também vale para todos os demais fenômenos – eles parecem existir como independentes das suas partes, e nos agarramos a eles como se existissem dessa maneira. Esse agarramento aos fenômenos que não são pessoas como se fossem inerentemente existentes é o agarramento ao em-si de fenômenos. É também uma percepção errônea, e o objeto que ele concebe – um objeto inerentemente existente – é não existente; é o objeto que devemos negar para compreender a vacuidade.

É fundamental contemplar e compreender profundamente a vacuidade, ou a ausência de existência inerente, de pessoas e de fenômenos. Todo o nosso sofrimento e insatisfação provêm do nosso aferramento à existência inerente do eu e dos demais fenômenos. Para obter a libertação dos sofrimentos do samsara e alcançar a plena iluminação, devemos compreender que todos os fenômenos carecem de existência inerente. Como foi mencionado, é especialmente importante que, como praticantes de powa, nos familiarizemos com a meditação de sentir que nossa mente está misturada com a união de êxtase e vacuidade do Dharmakaya, a terra búdica interior. Se tivermos uma compreensão correta da vacuidade, essa meditação será mais profunda e qualificada.

ESFORÇO

O esforço é definido como uma mente que se deleita em virtude. Sua função é tornar nossa mente feliz de praticar ações virtuosas. Com esforço, nos deleitamos com ações como dar, ajudar os outros, praticar as etapas do caminho à iluminação e, neste caso, treinar o powa. Esforço é necessariamente virtuoso. Aqueles que lutam por metas comuns, como realizar bons negócios, ou que se deleitam em ações não virtuosas, não estão praticando esforço.

O esforço é o oponente principal da preguiça. Existem três tipos de preguiça: preguiça advinda de apego por prazeres mundanos, preguiça advinda de apego por atividades distrativas e preguiça advinda de desânimo. Em geral, gostar de dormir é um tipo de preguiça; mas, se formos capazes de praticar o ioga de dormir e transformar o sono em atividade virtuosa, então a mente que gosta de dormir será esforço. Do mesmo modo, se transformarmos outras ações neutras, como trabalhar, comer, cozinhar ou nos divertir, em ações virtuosas, realizando-as com boa motivação, o prazer que teremos com elas também será esforço.

A preguiça nos engana e nos faz vagar pelo samsara sem meta. Se pudermos nos livrar da sua influência e mergulhar profundamente no treino do powa, alcançaremos rapidamente nossa meta espiritual. Treinar o powa é como construir um grande edifício: requer um esforço contínuo. Se permitirmos que nosso esforço seja interrompido pela preguiça, nunca concluiremos nossa tarefa.

Nos *Sutras Ornamento para o Mahayana*, Maitreya enumera diversos benefícios do esforço:

> Entre as coleções virtuosas, o esforço é supremo.
> Com esforço, conquistamos todas as qualidades
> virtuosas,

Buda Rei do Estandarte da Vitória,
Líder dos Poderosos

Buda O Glorioso
Completo Subjugador

Buda Grande
Vencedor na Batalha

Com esforço, conquistamos um corpo e uma mente
apaziguados,
Com esforço, conquistamos aquisições mundanas
e supramundanas,
Com esforço, obtemos os prazeres do samsara,
Com esforço, renascemos numa Terra Pura,
Com esforço, livramo-nos de delusões como a visão
da coleção transitória e alcançamos a libertação,
Com esforço, alcançamos a grande iluminação.

O esforço é a virtude suprema, porque todas as qualidades virtuosas são obtidas por seu intermédio. Ao induzir as maleabilidades física e mental, o esforço torna o corpo e a mente apaziguados, confortáveis e saudáveis. Quando tivermos obtido maleabilidade física, não será preciso fazer exercícios para manter um corpo flexível e saudável. Confiando no esforço, podemos obter as aquisições mundanas e supramundanas, como as realizações do Tantra Ioga Supremo de Heruka e Vajrayogini. Até a felicidade de humanos e deuses depende unicamente de esforço, pois se não nos empenharmos para praticar ações virtuosas, não conseguiremos alcançar tais renascimentos no futuro. Do mesmo modo, como praticantes de powa, temos a oportunidade de renascer numa Terra Pura; mas se vamos ou não consegui-lo, dependerá do nosso esforço. Se praticarmos os métodos para renascer numa Terra Pura com alegria e constância, não há dúvida de que nossos desejos serão satisfeitos.

Se nós mesmos não nos aplicarmos à nossa prática espiritual, ninguém poderá nos outorgar a libertação do sofrimento – nem nossos amigos espirituais, nem nosso Guia Espiritual, nem mesmo os Budas. Frequentemente alimentamos expectativas irrealistas. Almejamos alcançar a iluminação rapidamente sem investir esforço e queremos ser felizes sem criar causas virtuosas. Relutantes em enfrentar até o mais leve desconforto, queremos que todo o nosso sofrimento cesse e, apesar de vivermos nas garras do Senhor da Morte, desejamos ser como um deus de longa vida.

Por mais que acalentemos esses desejos, eles nunca se realizarão. Se não aplicarmos energia e esforço em nossa prática espiritual, todas as nossas esperanças de felicidade serão vãs.

Todos nós possuímos a semente da Budeidade em nosso continuum mental e temos a oportunidade de praticar os métodos para fazê-la amadurecer, mas nossa conquista da Budeidade depende dos nossos esforços. Uma compreensão intelectual do Dharma não é suficiente para nos conduzir à Budeidade – precisamos também superar nossa preguiça e colocar em prática o que aprendemos. Todos aqueles que já se tornaram Budas, fizeram-no por meio do seu próprio esforço, e o mesmo acontecerá com todos aqueles que irão se tornar Budas no futuro. Nos Sutras, Buda diz:

> Se só tiveres esforço, terás todos os Dharmas,
> Mas se só tiveres preguiça, nada terás.

Uma pessoa que não tenha grande conhecimento de Dharma, mas invista esforço com firmeza, gradualmente obterá todas as qualidades virtuosas. Entretanto, alguém que tenha muito conhecimento e tenha como único defeito a preguiça, não conseguirá aumentar suas boas qualidades nem obter experiências de Dharma.

No *Guia do Estilo de Vida do Bodhisattva*, Shantideva apresenta quatro tipos de esforço:

1) Esforço-armadura
2) Esforço do não-desânimo
3) Esforço da aplicação
4) Esforço da não-acomodação

Esses quatro tipos de esforço são muito importantes para os praticantes de Dharma e, em particular, para os praticantes de powa. Com os dois primeiros, superamos condições desfavoráveis à nossa prática de Dharma; com o terceiro, comprometemo-nos efetivamente com ela, e, com o quarto, capacitamo-nos a concluí-la.

O esforço-armadura é uma mente corajosa que nos ajuda a perseverar na prática espiritual quaisquer que sejam as dificuldades encontradas. Podemos gerar esse esforço pensando:

> *Vou continuar a praticar o Dharma, mesmo que eu demore muitos éons para alcançar a grande iluminação. Nunca desistirei da minha prática, quaisquer que sejam as dificuldades que venha a encontrar.*

Com o esforço-armadura, teremos uma perspectiva a longo prazo, que nos impedirá de desanimar frente a condições exteriores desfavoráveis, e persistiremos em nossa prática com alegria, mesmo que demore muito tempo para alcançarmos as realizações de Dharma. No passado, quando iam para a guerra, os soldados usavam armaduras para proteger o corpo. Do mesmo modo, quando os praticantes de Dharma declaram guerra contra suas delusões, também precisam vestir o esforço-armadura para proteger a mente contra as situações exteriores difíceis.

Precisamos do esforço-armadura no início da nossa prática, porque sem ele corremos o risco de logo desanimar, devido ao tempo que se leva para obter realizações, e consequentemente de abandonar nossa prática de Dharma. Às vezes, quando se torna difícil satisfazer nossas expectativas espirituais, quando amigos tentam nos dissuadir de praticar ou quando temos poucos recursos para nos sustentar, talvez pensemos em desistir do Dharma. Se isso acontecer, será porque não temos o esforço-armadura. Nesses momentos, devemos recuperar o entusiasmo inicial e fortalecer nossa determinação pensando nos benefícios da prática.

Enquanto o esforço-armadura protege nossa prática dos obstáculos exteriores, o esforço do não-desânimo nos protege do obstáculo interior, o desânimo. Às vezes, podemos ficar abatidos e pensar: "Não sou capaz de praticar o Dharma. Não sirvo para nada e sempre fracasso em tudo o que faço". Cedendo a tais pensamentos, como poderemos nos deleitar com nossas ações virtuosas? Para abandonar essa preguiça do desânimo, precisamos primeiro reforçar nosso esforço-armadura e então contemplar:

Às vezes, minhas delusões são fortes; outras vezes, fracas. Isso indica que são impermanentes. Se elas podem ser reduzidas temporariamente, também poderão ser erradicadas por completo; assim, por que eu não alcançaria a libertação? Buda disse que todos nós temos a natureza búdica. Se eu confiar sinceramente em meu Guia Espiritual e praticar o que ele me ensina, nada poderá me impedir de alcançar a iluminação. Com a mente fortalecida pelas bênçãos do meu Guru, posso realizar tudo o que desejo.

O esforço da aplicação nos capacita a realmente praticar virtude. Ele nos inspira a ouvir e contemplar os ensinamentos de Dharma e a meditar sobre eles. É a fonte de toda a nossa compreensão e experiência de Dharma. Esse esforço pode ser impetuoso ou constante. Há ocasiões em que é recomendável usarmos um esforço impetuoso para alcançar uma meta específica ou para superar um determinado obstáculo. Porém, é difícil sustentar esse tipo de esforço, e ele pode rapidamente se converter em cansaço ou desânimo. O esforço que temos que aplicar na maior parte do tempo deve ser estável, como um rio caudaloso que flui sem parar. É preciso ajustar nossas expectativas e não esperar resultados rápidos, mas praticar de maneira estável e constante durante um longo período.

O esforço da não-acomodação nos encoraja a aprofundar continuamente nossa compreensão e experiência de Dharma e a não nos contentarmos com uma experiência ou compreensão superficiais. Depois de estudar o Dharma por dois ou três anos, poderíamos ficar satisfeitos com nosso entendimento e achar que não precisamos ouvir mais ensinamentos nem continuar a meditar. Tal atitude vaidosa nos impediria de aprofundar nossa experiência e compreensão. Não podemos esperar resultados extraordinários depois de alguns poucos anos de prática. Até que tenhamos alcançado as realizações finais da grande iluminação, precisamos ouvir ensinamentos e meditar sobre eles.

Este precioso corpo humano que agora possuímos é como um barco que pode nos fazer atravessar o oceano de sofrimentos samsáricos e nos levar à ilha da iluminação. Se extrairmos o verdadeiro significado e valor desta preciosa vida humana, poderemos colher grandes benefícios; mas, se desperdiçarmos esta rara oportunidade, que esperança haverá de voltarmos a encontrar uma forma tão preciosa? Assim como um barco sem um barqueiro consciencioso jamais chegará ao seu destino, também o barco do nosso precioso renascimento humano jamais cruzará o oceano de sofrimento se não for guiado pelo poder do Dharma. Como diz o Bodhisattva Shantideva:

> Na dependência desta forma humana que é como um
>   barco,
> Podemos cruzar o grande oceano de sofrimento.
> Visto que será difícil encontrar tal embarcação
>   outra vez,
> Não é hora de dormir, ó tolos!

Por maior que seja o esforço que apliquemos nos caminhos samsáricos, nunca vamos obter verdadeira felicidade. Em nossas vidas anteriores esforçamo-nos muito para acumular riqueza material, mas hoje isso tudo desapareceu; nosso esforço foi em vão. No passado, desfrutamos de todos os prazeres concebíveis do samsara, mas agora estamos de mãos vazias. Tudo o que sobrou são as marcas das ações negativas que cometemos para satisfazer nossos desejos. Agora que temos a oportunidade de seguir um caminho perfeito que conduz à felicidade última, seria uma lástima abandoná-lo em troca de um caminho mundano.

O esforço que aplicamos no treino de powa aumentará significativamente se empregarmos os quatro poderes: o poder da aspiração, da constância, da alegria e da rejeição. A habilidade para praticar o powa depende da nossa motivação; se tivermos uma forte motivação de treinar, seguramente o faremos – esse é o poder da aspiração. Depois de iniciar nosso treino, não devemos oscilar na prática nem nos desviar dela, mas completá-la por meio do poder da constância. Se nos deleitarmos com nosso treino e desfrutarmos da prática de powa, teremos gerado o poder da alegria, o que dará à nossa prática um poderoso ímpeto. Por fim, se nos cansarmos, deveremos relaxar nossos esforços, empregando o poder da rejeição, ou do descanso, e recomeçar depois, quando nos sentirmos refeitos. O termo rejeição refere-se, neste contexto, a eliminar a fadiga por meio do descanso, não a rejeitar o esforço!

Esses quatro poderes fazem crescer e completam nossa prática do esforço. São como um exército de soldados que conquista o inimigo, a preguiça – um dos maiores obstáculos ao sucesso da prática espiritual. Assim como um país recorre ao seu exército para derrotar seus inimigos, também o nosso esforço recorre aos quatro poderes para vencer a preguiça.

MALEABILIDADE MENTAL

Maleabilidade mental é definida como uma flexibilidade da mente induzida por concentração virtuosa. Muitos praticantes enfrentam problemas em suas meditações devido à inflexibilidade física e mental. Podem se sentir física ou mentalmente pesados, cansados ou desconfortáveis. O oponente a esses obstáculos é a maleabilidade mental.

Cultivamos maleabilidade mental aplicando esforço na nossa meditação. Mesmo que experienciemos problemas, como indisposição, cansaço ou outras formas de desconforto físico ou mental no início da meditação, devemos perseverar pacientemente e tentar nos familiarizar com a prática. Gradualmente, conforme a concentração melhorar, ela induzirá maleabilidade mental; sentiremos nossa mente e corpo leves, saudáveis e descansados e estaremos livres dos obstáculos à concentração. Todas as nossas meditações, inclusive a meditação powa, vão se tornar fáceis e efetivas, e não teremos dificuldade para fazer progressos.

Por mais difícil que a meditação seja no início, não devemos jamais perder a esperança. Em vez disso, devemos praticar a disciplina moral que nos protege contra as distrações grosseiras e serve de base para gerarmos concentração pura. A disciplina moral também fortalece a contínua-lembrança, que é a vida da concentração. Além disso, devemos acumular mérito, purificar nosso carma negativo e receber bênçãos dos seres sagrados. Reunindo essas condições, acharemos fácil fazer progressos nas meditações e, em particular, na prática do powa. Existem diversos níveis de maleabilidade mental induzidos por diferentes níveis de concentração. Explicações detalhadas podem ser encontradas nos livros *Como Entender a Mente* e *Oceano de Néctar*.

CONSCIENCIOSIDADE

Esta seção divide-se em duas partes:

1. Uma explicação da conscienciosidade
2. Uma explicação das seis delusões raízes

UMA EXPLICAÇÃO DA CONSCIENCIOSIDADE

A conscienciosidade é definida como um fator mental que, na dependência do esforço, aprecia o que é virtuoso e protege a mente contra delusão e não-virtude. Há duas maneiras de praticar conscienciosidade. A primeira consiste em manter nossa mente livre de uma delusão, impedindo-a de se encontrar com os objetos dessa delusão. Por exemplo, para não sentir raiva de uma pessoa com quem tenhamos brigado, podemos não pensar nela e evitá-la. A segunda maneira consiste em impedir que nossa mente desenvolva atenção imprópria ao se encontrar com objetos de delusão. A atenção imprópria faz surgir delusões por nos levar a exagerar as boas ou más qualidades de um objeto. Se impedirmos a atenção imprópria, será impossível que as delusões surjam, ainda que sejamos diretamente confrontados com um objeto de delusão. Por exemplo, se inesperadamente encontrarmos alguém que normalmente nos irrita, poderemos evitar a atenção imprópria enfocando as qualidades positivas dessa pessoa ou nos lembrando das falhas da raiva e interrompendo, dessa maneira, seu surgimento.

A conscienciosidade é essencial para a nossa prática de disciplina moral pura. Se nos comportarmos conscienciosamente, nossa compreensão e realizações vão aumentar automaticamente, ao passo que as negatividades de corpo, fala e mente irão decrescer. Em geral, quando uma pessoa conscienciosa fala, ela é educada e diz coisas que beneficiam a ela e aos demais. Uma pessoa descuidada, por outro lado, fala sob a influência de delusões. Seu comportamento é desrespeitoso, e o que ela diz invariavelmente aborrece os outros e acarreta problemas para si mesma.

Ser conscencioso em relação às três portas, de corpo, fala e mente, é a melhor maneira de assegurar que nossas qualidades positivas e virtuosas se estabilizem e cresçam em abundância. Para ter sucesso em nossas práticas de meditação, temos que praticar conscienciosidade. Nos *Sutras Vinaya* Buda diz que, por meio de disciplina moral, alcançamos concentração e que, por meio de concentração, conquistamos sabedoria. Uma vez que a conscienciosidade é a raiz da disciplina moral, segue-se que a concentração e a sabedoria também dependem dela. Praticando conscienciosidade, mantemos nossa mente pura e atrelada a objetos virtuosos, e assim nossa energia não é dissipada por distrações exteriores ou interiores. Como resultado, nossa mente se acalma e se concentra interiormente, possibilitando-nos desenvolver concentração virtuosa com facilidade. Essa concentração torna nossa mente lúcida e poderosa, o que por sua vez nos permite aperfeiçoar nossa sabedoria.

No *Guia do Estilo de Vida do Bodhisattva*, Shantideva diz que não há prática mais importante do que manter nossa mente livre de negatividade. Em geral, protegemos cuidadosamente nosso corpo, mas é muito mais importante proteger nossa mente. Por exemplo, quando atravessamos uma rua movimentada tomamos cuidado para não ser atropelados, mas se isso ocorresse no pior dos casos perderíamos esta única vida. Em contraposição, se não tomarmos cuidado para proteger nossa mente contra a negatividade quando estivermos rodeados por objetos de delusão, ela poderá ser atropelada pelas delusões, o que nos prejudicará por muitas vidas futuras. A prática de conscienciosidade é, portanto, de suprema importância.

A conscienciosidade deve ser praticada com a contínua-lembrança e a vigilância. A contínua-lembrança é um fator mental que focaliza um objeto com o qual a mente já está familiarizada. Sua natureza é reter o objeto sem esquecê-lo, e sua função é não se desviar do objeto retido. Com contínua-lembrança atamos nossa mente a um objeto virtuoso. Objeto virtuoso é qualquer objeto que tenha um efeito positivo sobre nossa mente, como os vinte e um objetos de meditação apresentados no *Novo Manual de Meditação*. Sem contínua-lembrança, não conseguimos fazer progressos em nossos estudos nem em nossa prática.

O fator mental vigilância é um tipo de sabedoria que examina nossa mente e compreende como ela está funcionando. Por exemplo, depois de posicionar nossa mente num objeto com contínua-lembrança, a vigilância verifica se nossa meditação está indo bem ou não, e se nossa mente está sob o controle de uma delusão. A vigilância é o fruto da contínua-lembrança e está intimamente relacionada com ela. Enquanto a contínua-lembrança retém seu objeto, a vigilância averigua se houve algum desvio deste objeto. Contínua-lembrança e vigilância são essenciais para obtermos qualidades virtuosas no começo, no decorrer e no final da nossa prática.

Podemos entender como esses dois fatores mentais operam em conjunto, examinando o que acontece quando visualizamos a forma de Buda Shakyamuni. Primeiro, olhamos para uma pintura ou estátua e tentamos gerar uma imagem mental do que vimos. Essa imagem mental é o objeto da nossa visualização. Depois de encontrar o objeto, nossa contínua-lembrança deve retê-lo sem se desviar. A concentração acontecerá quando a mente permanecer em seu objeto de modo unifocado. Enquanto mantemos a concentração, verificamos de tempos em tempos se nossa meditação está evoluindo a contento ou se houve interrupções e obstáculos. Essa função de espião da mente é exercida pela vigilância. Se ela descobrir que a mente caiu sob a influência de entorpecimento ou distração, devemos voltar a reter o objeto com contínua-lembrança e prosseguir a nossa meditação.

A função principal da conscienciosidade é nos capacitar a guardar disciplina moral pura e aperfeiçoar nossa concentração. Praticando conscienciosidade, podemos reduzir nossas delusões e assim parar de cometer ações negativas de corpo, fala e mente. Como resultado, teremos disciplina moral pura. Se nossas delusões enfraquecerem e nossa vida tornar-se mais disciplinada, desenvolveremos menos distrações e consequentemente acharemos bem mais fácil fazer progressos nas nossas meditações.

UMA EXPLICAÇÃO DAS SEIS DELUSÕES RAÍZES

Como foi mencionado, é essencial praticar conscienciosidade para proteger nossa mente contra as delusões. Se não conseguirmos identificar as delusões à medida que elas forem surgindo em nossa mente, será impossível aplicar conscienciosidade. De acordo com o Dharma, nosso pior inimigo são as delusões. O que é exatamente uma delusão? É um fator mental que surge da atenção imprópria e torna nossa mente intranquila e descontrolada.

Se quisermos nos livrar do sofrimento, temos que saber identificar as delusões em nossa mente e compreender como elas nos prejudicam. Sabemos quem são nossos inimigos exteriores e que perigos representam, mas damos pouca atenção aos inimigos interiores, que causam danos terríveis à nossa mente. Se não conseguirmos reconhecer nossas delusões, como iremos nos livrar do sofrimento?

Existem incontáveis delusões, mas todas elas podem ser incluídas nas seis delusões raízes:

1. Apego
2. Raiva
3. Orgulho deludido
4. Ignorância
5. Dúvida deludida
6. Visão deludida

APEGO

O apego é um fator mental que observa um objeto contaminado, sente que é atraente, exagera seus atrativos, considera-o desejável, gera o desejo de possuí-lo e sente-se como que completamente tomado pelo objeto. O apego atua de duas maneiras: querendo obter um objeto e não querendo nunca ser separado de um objeto. Um exemplo da primeira maneira ocorre quando duas pessoas desejam ardentemente formar um casal. Se posteriormente elas gerarem o desejo de nunca ficarem separadas, teremos um exemplo da segunda. Também podemos gerar apego por objetos inanimados.

Sob a influência do apego, nossa mente fica impregnada pelo objeto de desejo, assim como um tecido fica impregnado por óleo. Do mesmo modo que é muito difícil separar o óleo do tecido, também é difícil separar a mente do objeto ao qual ela está apegada.

É por causa do nosso apego que continuamos a vagar no samsara, experienciando infindável sofrer. O pré-requisito para alcançarmos a libertação ou a plena iluminação e, até mesmo, para nos ordenarmos monge ou monja é a mente de renúncia. Contudo, o apego pelos prazeres transitórios deste mundo nos impede de gerar renúncia. Desde tempos sem início temos sido incapazes de nos libertar da prisão do samsara porque estamos amarrados pelas correntes do apego. Se temos o desejo sincero de alcançar realizações espirituais, temos que renunciar ao samsara, e a única maneira de fazê-lo é reduzindo nosso apego.

Depois de reconhecer nosso apego podemos reduzir seu poder contemplando repetidamente suas inúmeras falhas e meditando sobre a falta de atrativos e a impureza do objeto desejado. Entretanto, esse método é apenas um oponente temporário e não removerá definitivamente o apego da nossa mente. Para fazê-lo, precisamos erradicar nosso agarramento ao em-si, que é a causa raiz não apenas do apego, mas de todas as delusões; e para erradicar o agarramento ao em-si, precisamos meditar sobre a sabedoria que realiza a vacuidade. Para que uma realização da vacuidade conduza à completa libertação do sofrimento, ela deve estar associada com renúncia, tranquilo-permanecer e visão superior. Uma explicação completa desses temas pode ser encontrada em *Caminho Alegre da Boa Fortuna* e *Contemplações Significativas*.

RAIVA

A raiva é um fator mental que exagera as características desagradáveis de um objeto e deseja prejudicá-lo. Como ocorre com o apego, a raiva pode ser dirigida contra objetos animados e inanimados.

Como a raiva nos prejudica? Buda disse que a raiva diminui ou destrói todas as virtudes que acumulamos, podendo nos levar aos reinos do inferno. Um instante de raiva contra um Bodhisattva, por exemplo, pode destruir todo o mérito que tenhamos acumulado para renascer num reino superior.

A raiva queima nossas virtudes, assim como o fogo queima a lenha. Ela se esconde atrás de todas as disputas, desde brigas domésticas entre marido e mulher até guerras entre nações. A raiva destrói boas relações e arruína a felicidade nas famílias e entre amigos e colegas de trabalho. Ela rapidamente nos separa daqueles de quem gostamos.

Não há mal maior do que a raiva. Ela é uma força capaz não só de anular os efeitos das ações positivas que fizemos no passado, como também de impedir que alcancemos nossas metas futuras, sejam elas a libertação ou uma simples melhora da nossa mente. O oponente da raiva é a paciência, e aqueles que desejam fazer genuínos progressos espirituais devem compreender que não há prática mais importante que a de paciência.

Destruir virtudes é uma das falhas invisíveis da raiva e, portanto, algo que deve ser aceito por meio de fé; mas há muitas falhas visíveis dessa delusão. Sempre que somos tomados de raiva, perdemos imediatamente nossa paz mental, e até nosso corpo torna-se desconfortável. Somos atormentados pelo desassossego, e o alimento que comemos perde o sabor. Dormir é algo quase impossível, e quando conseguimos fazê-lo, nosso sono é descontínuo. A raiva transforma uma pessoa normalmente atraente num medonho demônio de cara vermelha. Tornamo-nos mais e mais infelizes e, mesmo nos esforçando, não conseguimos controlar nossas emoções.

Um dos efeitos mais nefastos da raiva é nos roubar a razão e o bom senso. Perdemos toda liberdade de escolha e, levados por vingança ou fúria, nos expomos a grandes perigos. Às vezes, a raiva que sentimos se volta até contra as pessoas que amamos ou que são nossos benfeitores. Num acesso de raiva, esquecidos da imensa bondade dos nossos amigos, familiares ou professores, podemos gritar com eles ou mesmo atacá-los. Não é de se admirar que uma pessoa normalmente raivosa seja evitada por todos.

Geralmente achamos que a raiva é uma reação que temos quando encontramos alguém de quem não gostamos, mas na realidade a situação é frequentemente o inverso; é a raiva, que já está dentro de nós, que transforma aquela pessoa que encontramos num inimigo imaginado. Alguém que é propenso a sentir raiva vive numa rede de desconfiança e paranóia, cercado por inimigos que são fruto da sua própria imaginação. A falsa convicção de ser odiado por todos pode se tornar tão esmagadora, que alguém pode chegar a enlouquecer, vítima de sua própria delusão.

Num grupo de pessoas é comum que uma delas acuse os outros por todos os problemas; mas de fato a responsável pela desarmonia, em geral, é ela própria. Conta-se a história de uma velha mulher que discutia e brigava com todos. Ela era tão execrável que acabou sendo expulsa do seu vilarejo. Quando chegou a uma outra vila, as pessoas lhe perguntaram: "Por que deixaste tua casa?" Ela respondeu: "Lá onde eu vivia, todos eram maldosos e vingativos. Fugi para escapar deles". As pessoas acharam aquilo muito estranho e concluíram que a culpa devia ser dela. Temendo que a mulher também viesse a causar problemas e desarmonia na comunidade, pediram-lhe que fosse embora. A velha raivosa andou de vila em vila à procura de um lugar para viver, mas ninguém queria tê-la como vizinha.

É muito importante identificar a verdadeira causa da infelicidade que sentimos. Culpar os outros por nossas dificuldades é um indicador de que ainda temos muitos problemas e falhas na nossa própria mente. Se realmente tivéssemos paz interior e nossa mente sob controle, nada conseguiria perturbar essa paz, e ninguém pareceria ser nosso inimigo. Para uma pessoa que dominou a mente e erradicou a raiva, todos aparecem como um amigo. Um Bodhisattva, por exemplo, cujo único interesse é o bem-estar dos outros, não tem inimigos. Pouquíssimas pessoas querem prejudicar alguém que é um amigo do mundo; e mesmo se alguém viesse a prejudicar ou ofender um ser tão elevado, o Bodhisattva permaneceria em paz. Com a mente envolta em paciência, ele continuaria calmo e imperturbável, capaz de sorrir ao seu agressor e até de tratá-lo com respeito. Esse é o poder de uma mente bem controlada. Portanto, se realmente quisermos nos livrar de todos os nossos inimigos, a estratégia mais sábia é desenraizar e destruir nossa própria raiva.

Não devemos imaginar que isso seja uma tarefa impossível ou uma meta irrealista. Atualmente, os médicos são capazes de curar doenças que até há pouco tempo eram consideradas fatais e, além disso, conseguiram erradicar muitas outras. Assim como os cientistas e médicos lutam contra essas doenças e finalmente as superam, nós também podemos erradicar a raiva que infecta nossa mente. Os métodos para curar essa grave delusão estão à disposição de todos nós; sua eficácia foi comprovada sempre que foram sinceramente colocados em prática, e não há motivo para que não funcionem também conosco.

Imaginem como seria o mundo se todos nós vencêssemos nossa própria raiva! O perigo de guerras desapareceria, exércitos tornar-se-iam desnecessários, e os soldados teriam que procurar outro trabalho. Armas, tanques e bombas – instrumentos úteis para mentes raivosas – seriam destruídos, e todos os conflitos, desde guerras entre nações até desavenças entre pessoas, acabariam. Se essa harmonia universal nos parecer utópica, imaginem a liberdade e a paz mental que cada um de nós desfrutaria se exorcizássemos esse odioso demônio que vive dentro de nós.

Alguém que fica sempre com raiva nunca encontrará felicidade, nem nesta vida nem em vidas futuras. Portanto, devemos sempre nos lembrar de que a raiva é nosso maior inimigo, o criador de grande parte do nosso sofrimento, e lutar constantemente para derrotá-la.

ORGULHO DELUDIDO

O orgulho deludido é um fator mental que nos faz arrogantes por motivos insignificantes. Podemos usar qualquer coisa como pretexto para pensar que somos alguém especial e sentir orgulho – nossos conhecimentos, aparência, habilidades, fortuna. Podemos até nos tornar orgulhosos da nossa compreensão de Dharma e nos sentir superiores aos outros.

O orgulho é nocivo porque impede nosso aperfeiçoamento. Uma mente orgulhosa não quer reconhecer falhas nem admite que haja espaço para aperfeiçoamento. Uma mente inflada por orgulho não consegue aceitar um ensinamento novo dado por um professor qualificado. Assim como a água da chuva não se acumula no topo de uma montanha, o conhecimento não se acumula numa mente falsamente elevada pelo orgulho.

Para reduzir nosso orgulho, precisamos contemplar o quanto somos vulneráveis e privados de liberdade. Podemos meditar sobre todas as experiências desagradáveis que temos de sofrer sem escolha, como nascer, adoecer, envelhecer e morrer. Atualmente talvez sejamos bonitos, saudáveis, inteligentes e bem-sucedidos,

Buda O Glorioso Completo
Subjugador que Passou Além

Buda Hoste Gloriosa
que Tudo Ilumina

Buda Joia Lótus
Grande Subjugador

mas não temos poder para permanecer assim. Chegará o momento em que, sem escolha, ficaremos velhos, doentes, esquecidos ou senis. Se nos compararmos aos seres realizados que possuem perfeita liberdade e cuja felicidade não pode ser destruída por condições exteriores, rapidamente perderemos nosso orgulho.

Nem todo orgulho é deludido – existem algumas formas de orgulho que devemos cultivar. O orgulho não deludido, ou autoconfiança, é essencial para nosso progresso espiritual. Precisamos, portanto, ter orgulho do nosso potencial espiritual e das nossas ações virtuosas e confiar em nossa habilidade para superar as delusões e beneficiar os outros. Entendendo a diferença entre esses dois tipos de orgulho, devemos abandonar o orgulho deludido e ao mesmo tempo cultivar o orgulho não deludido.

IGNORÂNCIA

A ignorância é um fator mental cuja função é tornar a mente primária confusa sobre seu objeto. Ela provoca percepção errônea, dúvida e outras delusões. É como uma escuridão mental que nos impede de entender claramente um objeto. Um exemplo é a confusão que sentimos quando estamos lendo um livro e não conseguimos entender seu significado. A ignorância de não compreender a ausência do em-si – a natureza última das pessoas e de outros fenômenos – provoca agarramento ao em-si, ou agarramento ao verdadeiro, que é a raiz de todas as outras delusões e de todos os renascimentos cíclicos.

Em geral, existem dois tipos principais de ignorância: a do carma e a da vacuidade. A primeira atua, principalmente, para que continuemos a ter renascimentos inferiores. Enquanto estivermos confusos sobre as ações e seus efeitos, continuaremos a cometer ações não virtuosas, que são as causas de tais renascimentos. A ignorância da vacuidade atua, principalmente, para nos manter amarrados ao samsara. Ainda que tenhamos compreendido o carma, só deixaremos de criar as causas para ter renascimentos cíclicos quando realizarmos diretamente a vacuidade.

DÚVIDA DELUDIDA

Dúvida é um fator mental que apreende seu objeto de maneira bifocalizada ou oscila entre dois pontos de vista alternativos. Nem toda dúvida é deludida. A dúvida deludida é uma hesitação sobre um objeto cuja compreensão é importante para alcançarmos a libertação, como o carma ou os verdadeiros sofrimentos; nesse tipo específico de dúvida, a hesitação tende para a visão errônea que nega a existência de tal objeto. Em outras palavras, a dúvida deludida é uma dúvida que dificulta a conquista da libertação. Dúvidas sobre objetos que não são importantes para alcançarmos a libertação não são deludidas. Por exemplo, se alguém chegar à nossa porta, e nos perguntarmos "será que é o João?", essa dúvida não será deludida.

É importante distinguirmos as dúvidas deludidas de outras dúvidas que são o início da sabedoria. As primeiras devem ser abandonadas, mas as outras são necessárias para obtermos realizações. Quando ouvimos ou lemos o Dharma, inicialmente geramos muitas dúvidas, pois esses ensinamentos contradizem nossas visões errôneas e ideias incorretas, deixando-nos indecisos. Esse tipo de indecisão é um sinal de que começamos a desenvolver sabedoria, pois é o primeiro passo para adquirirmos visões corretas. Se nunca gerarmos esse tipo de dúvida, jamais teremos convicção sobre os ensinamentos de Dharma. Por exemplo, ao ouvir ensinamentos sobre a vacuidade pela primeira vez, dúvidas podem surgir: "Acho que os objetos existem exteriormente, mas será mesmo que existem desse modo?" ou "Os objetos parecem algo substancial, mas de fato não seriam eles imateriais como sonhos?". Se não formularmos esse tipo de dúvida no início, será impossível realizarmos a vacuidade posteriormente. Essas são dúvidas que tendem à verdade. Elas apontam para a direção correta e nos ajudam a aumentar nossa compreensão e clareza mental.

Em contrapartida, as dúvidas deludidas destroem nossa fé no que é virtuoso e válido e nos tornam indecisos quanto aos objetos que são benéficos e dignos de confiança. Elas destroem a nossa lucidez e a alegria que sentimos quando geramos a fé de admirar, minam nossas aspirações virtuosas e transformam nossas mentes, antes serenas, em mentes agitadas e inquietas. Temos dúvidas deludidas quando, por exemplo, ouvimos ou lemos instruções de Dharma corretas e pensamos: "Esses ensinamentos provavelmente estão errados" ou "esses conselhos não valem nada". Se recebermos explicações corretas sobre a vacuidade e desenvolvermos um leve entendimento disso, e então vier uma pessoa que argumente com eloquência contra a visão correta, fazendo-nos pensar "o raciocínio que ouvi antes provavelmente está errado", isso também será uma dúvida deludida. E ainda se depois de receber do nosso Guia Espiritual perfeitas instruções para meditar, alguém vier com ares de grande meditador e nos disser "esse método é inferior, conheço outras maneiras de meditar", é possível que duvidemos do nosso mestre e das instruções que ele nos deu. Esse tipo de dúvida pode surgir quando estamos prestes a fazer uma ação virtuosa ou altruísta; ela nos leva a pensar que fomos mal orientados, destruindo assim nossa boa intenção.

A dúvida deludida é muito perigosa porque rapidamente interrompe nossa prática espiritual e nos confunde. Ela pode surgir quando nossa fé e esforço se degeneram ou quando ouvimos ou lemos algo que contradiz nossa prática diária. Também pode surgir em decorrência de análise inadequada, excessiva ou inoportuna. Há certas ocasiões em que é conveniente e benéfico fazer investigação analítica, como quando estudamos tópicos sutis, como a impermanência sutil ou a vacuidade. Há outras em que é mais benéfico evitar a análise, como quando adquirimos uma compreensão adequada de certas verdades convencionais densas. Análise excessiva ou inoportuna induz a muitas dúvidas, que atrapalham nossa prática.

É especialmente importante evitar dúvidas deludidas quando estamos praticando o Mantra Secreto, porque o sucesso da prática tântrica depende de termos fé perfeitamente pura. Se tivermos dúvidas deludidas sobre nossa prática do Mantra Secreto, não receberemos muitos benefícios, mesmo se praticarmos por éons. Portanto, no Mantra Secreto até uma fé cega é melhor do que o excesso de análise, porque fé cega pode induzir fortes determinações virtuosas, ao passo que excesso de análise acarreta dúvida e confusão.

VISÃO DELUDIDA

Adotar visões deludidas é a última das seis delusões raízes. Existem muitos tipos de visão deludida, mas o principal é agarrar-se ao nosso eu como se fosse inerentemente, ou verdadeiramente, existente. Essa visão concebe o eu como algo que não tem relação com a mente ou com o corpo. Por exemplo, numa situação em que estamos encabulados ou com medo, não pensamos que nossa mente está encabulada ou com medo, tampouco pensamos isso em relação ao nosso corpo. O que pensamos é "*eu* estou com medo, *eu* estou envergonhado". O eu que apreendemos nessas ocasiões é desvinculado e independente da nossa mente, do nosso corpo ou dos dois juntos. Embora seja mais fácil ver essa mente atuando em situações extremas, ela está funcionando o tempo todo, até enquanto dormimos. Essa maneira equivocada de perceber nosso eu é a corrente que nos amarra ao samsara. Se essa visão for abandonada, todas as nossas delusões serão decepadas.

A visão deludida de acreditar que o eu e os outros fenômenos são independentes, ou inerentemente existentes, é a fonte de todas as demais delusões, como raiva, apego e orgulho. Essas delusões, por sua vez, nos impelem a criar carma e, pela força desse carma, nascemos repetidamente no samsara, onde experienciamos os sofrimentos implacáveis de nascer, sentir fome e sede, adoecer, envelhecer e finalmente morrer. A fonte de todos esses sofrimentos é a nossa visão deludida, que concebe os fenômenos como se fossem inerentemente existentes. Se quisermos nos livrar do sofrimento, temos que meditar diariamente sobre as falhas de adotar essa visão.

Como diz o Bodhisattva Shantideva, as delusões são nosso pior inimigo porque nos mantêm acorrentados à prisão do samsara. O que nos compele a vender nosso tempo, energia, suor e até a própria vida em nome de dinheiro, posses e reputação? Somos escravizados desse modo pelas nossas delusões, em particular pelo apego. Só as nossas delusões têm poder para nos prejudicar de tantas maneiras.

Os inimigos comuns nos prejudicam exteriormente, as delusões nos ferem por dentro. Desde tempos sem início, elas estão alojadas em nossa mente, prejudicando-nos a seu bel-prazer. Esse inimigo está tão misturado com nossa mente que é muito difícil identificá-lo e distingui-lo de virtude. A única maneira de reconhecermos as delusões é por meio de estudo e investigação. Não há outro método.

Dizemos que um médico é habilidoso quando é capaz de identificar e diagnosticar doenças; mas é preciso ter muito mais habilidade para conseguir distinguir uma mente virtuosa de uma não virtuosa. Como fazer um diagnóstico tão sutil? Precisamos, primeiro, estudar os ensinamentos de Buda, em especial os que tratam da mente, e depois usar a meditação analítica para aplicar essa compreensão à nossa própria mente. Dessa maneira, podemos nos tornar o médico da nossa própria mente, identificando suas diversas doenças, as delusões, e erradicando-as com o remédio do Dharma.

No Tibete havia um praticante muito famoso chamado Geshe Ben Gungyal. Seus discípulos, notando que ele nunca recitava preces e aparentemente passava as noites sem dormir, lhe perguntaram qual era a sua prática espiritual. Ben Gungyal respondeu: "Tenho duas práticas – saber quando as delusões estão surgindo em minha mente e controlá-las. Esta é a minha prática. Quando percebo que as delusões não estão surgindo, sinto-me feliz, mas, quando elas surgem, eu as examino com contínua-lembrança e aplico os oponentes adequados. Minha prática de Dharma não se reduz a palavras, minha prática é erradicar as delusões". O método de Ben Gungyal era muito elogiado por eminentes mestres daquele tempo, e seria uma atitude sábia da nossa parte imitá-lo.

Mesmo entendendo que as delusões nos prejudicam, podemos ponderar se é possível eliminá-las completamente. A raiz de todas as delusões é o agarramento ao em-si. Se a raiz de uma árvore for cortada, seu tronco, ramos, folhas e frutos vão secar e morrer. Do mesmo modo, se cortarmos nosso agarramento ao em-si com a espada da sabedoria – a realização da vacuidade –, todas as nossas delusões vão cessar para sempre, já que elas nascem do agarramento ao em-si. Se compreendermos como abandonar o agarramento ao em-si, será fácil erradicar todas as delusões da nossa mente.

Até que isso aconteça, devemos evitar cair sob sua influência. Para tanto, é preciso proteger nossa mente e não permitir que se disperse. Se aprendermos a defender nossa mente das delusões e prendê-la à prática de virtude, nossa disciplina moral vai se fortalecer cada vez mais até se tornar perfeita. Porém, se não protegermos nossa mente, muitas falhas vão surgir.

Se um elefante selvagem irromper num vilarejo de casas de sapé, grande será a devastação. Mas isso não é nada comparado aos problemas que nossa mente descontrolada é capaz de nos infligir. Nossa mente-elefante pode nos causar imenso sofrimento não apenas nesta vida, mas em incontáveis vidas futuras. Investigando, veremos que o criador de todo o sofrimento desta vida e das vidas futuras é nossa própria mente descontrolada.

Muitos benefícios advêm de domarmos nossa mente. Se, usando a corda da contínua-lembrança, amarrarmos com firmeza nossa mente-elefante ao poste da virtude, todos os nossos medos rapidamente chegarão ao fim. Para melhorar nossa mente e obter realizações espirituais com facilidade, temos que misturar nossa mente com a prática de virtude, aplicando com tenacidade o poder da contínua-lembrança. Este é o verdadeiro coração da meditação. Sem contínua-lembrança, nossas meditações serão vazias e ineficazes, e não haverá nada capaz de impedir que nossa mente-elefante continue a vagar descontroladamente pelos objetos de apego, raiva, inveja etc. Pode até parecer que estamos meditando em paz sentados em nossa almofada, mas nossa mente continua ocupada como sempre, planejando as próximas compras, visitas à família e aos amigos ou fantasiando sobre alguém que achamos atraente. Assim como um oleiro precisa das duas mãos para dar forma aos potes, também nós precisamos de ambas, a contínua-lembrança e a vigilância, para meditar efetivamente e obter autênticas realizações espirituais.

Se aprendermos a controlar nossa mente meditando de maneira correta, poderemos superar todos os nossos medos e ansiedades. Nada irá nos assustar, porque todos os medos advêm de uma mente indomada. Um Bodhisattva que treinou sua mente não tem motivos para sentir medo, pois está sempre feliz em dar todas as suas posses e até seu corpo aos outros. Para nós, contudo, é bem diferente. Como não controlamos nossa mente de autoapreço, sempre que encontramos algo ligeiramente ameaçador nos sentimos imediatamente ansiosos. Domar nossa mente é a única maneira de superarmos esse medo. Em resumo, precisamos sempre proteger nossa mente com conscienciosidade confiando em contínua-lembrança e vigilância. Como disse o Bodhisattva Shantideva:

> Com as mãos postas,
> Imploro aos que desejam guardar suas mentes:
> Esforcem-se sempre para guardar ambas,
> A contínua-lembrança e a vigilância.

EQUANIMIDADE

Como foi mencionado, a equanimidade é uma mente equilibrada que nos impede de gerar raiva e apego ao aplicar os oponentes específicos. Reconhecendo que raiva e apego são prejudiciais, tal como veneno, nossa equanimidade impede-as de se desenvolverem e mantém nossa mente em paz. Quando a mente de equanimidade está manifesta, somos equilibrados e calmos, pois estamos livres das mentes perturbadoras de apego, raiva e demais delusões. Além disso, a equanimidade é a base para o desenvolvimento de amor puro, compaixão, bodhichitta e, finalmente, do estado supremo da Budeidade, ou plena iluminação.

Quando obtemos a realização da equanimidade, nossa mente se apazigua, e não nos sentimos perturbados nem mesmo nas circunstâncias mais difíceis. Isso não significa que nos tornamos desumanos ou insensíveis. Equanimidade não é, em absoluto, indiferença ou apatia; não reduz nosso amor e compaixão ou nossa habilidade de nos regozijar com a boa sorte dos outros. Ao contrário, ela é o fundamento para melhorar todas essas boas qualidades. A equanimidade reduz nosso apego e raiva, mas não o afeto e amor que sentimos pelos outros. Os Bodhisattvas que geraram equanimidade sentem grande afeto pelos outros e demonstram extraordinária boa vontade em relação a todos os que encontram. Quando vêem alguém sofrendo, não ficam indiferentes, mas geram um forte desejo de remover aquela dor, e se puderem fazê-lo será um deleite para eles. Embora sintam grande afeto pelos outros, os Bodhisattvas não são perturbados pelo apego, pois a natureza das suas mentes é amor e paz. Não se pode afirmar que alguém não possui equanimidade só porque tem amigos ou porque se comporta com cada pessoa de maneira diferente. Os Bodhisattvas respeitam as convenções da sociedade em que vivem. Por exemplo, na Inglaterra, é impossível dizer se alguém tem ou não equanimidade a julgar pelo seu comportamento exterior, pois não abraçam e beijam todos os que encontram para demonstrar seu afeto.

Se ficarmos eufóricos ou deprimidos a cada vez que encontramos os outros, nossos problemas não terão fim. Entretanto, se conseguirmos manter uma mente equilibrada, esses encontros serão agradáveis, e nossas relações, duradouras. Exteriormente, procuramos manter uma expressão estável e agradável, próxima de um sorriso; e interiormente devemos nutrir simpatia por todos, evitando os extremos da euforia e da depressão. Uma pessoa que tenha um sorriso estável e terno, seja moderada, bem-intencionada e não se mostre exultante num dia e desconsolada no outro é como o ouro, cuja cor se mantém estável, sem variar de um dia para o outro.

Quando tivermos equanimidade em relação a todos os seres vivos, será muito fácil mantê-la também em relação aos objetos inanimados, como nossas condições de vida, o trânsito e o clima.

ANTINOCIVIDADE

De acordo com o *Compêndio de Abidharma*, de Asanga, a antinocividade é mais do que simplesmente não prejudicar os outros; ela é compaixão – uma mente que aprecia os outros e deseja sinceramente livrá-los dos seus sofrimentos.

Devemos ser cuidadosos ao distinguir compaixão de apego desejoso. A compaixão é necessariamente uma mente virtuosa, ao passo que o apego nunca é virtuoso. Às vezes, nosso desejo de ajudar os outros nasce principalmente do apego. Por exemplo, um cavaleiro pode desejar a recuperação do seu cavalo machucado para não perder uma prova de equitação. Outras vezes, nosso interesse pelos outros é uma mistura de apego e compaixão. Em geral, é o que acontece quando desejamos que nossos amigos e parentes não sofram. Compaixão pura, por outro lado, é inteiramente livre de apego e está interessada unicamente no bem-estar dos outros.

Com compaixão, nossas mentes perturbadas, como orgulho, inveja, raiva e apego, naturalmente se reduzem, e nos tornamos muito serenos. Nossa compaixão também torna os outros felizes, porque cuidamos deles e tentamos ajudá-los sempre que possível.

Buda disse:

> Tu és teu próprio protetor,
> Tu és teu próprio inimigo.

Se tivermos profunda compaixão e sabedoria, poderemos nos proteger dos sofrimentos e perigos, convertendo-nos assim em nosso próprio protetor. Mas se permitirmos que a raiva e a ignorância destruam nossa felicidade e boa sorte, prejudicaremos a nós mesmos e seremos nosso próprio inimigo. Podemos ser nosso próprio protetor ou inimigo; a escolha e a responsabilidade são nossas.

Algumas pessoas acreditam que somente os seres humanos que estão sofrendo manifestamente são objetos dignos de compaixão, o que deixa subentendido que os animais e os humanos que desfrutam de relativo conforto não o sejam. Isso é errado. Animais e insetos, por exemplo, possuem mentes e, como os humanos, experienciam prazer e dor. Mas embora sejam iguais aos humanos, no sentido de que também buscam felicidade e evitam sofrimento, na realidade, eles sofrem muito mais que os humanos. Os animais não têm liberdade; sem escolha, eles são explorados pelos humanos, que os usam como diversão, objetos de experimento e comida, ignorando seus sentimentos. Se pensarmos com cuidado sobre isso, veremos que é imprescindível cultivar compaixão pelos animais; em vez de abusar deles ou matá-los, devemos prestar ajuda e dar-lhes proteção.

Do mesmo modo, também devemos sentir compaixão pelos seres humanos que vivem bem, por aqueles que não gostam de nós e até pelos desconhecidos. Na realidade, todos eles, sem exceção, têm que experienciar os sofrimentos do apego, raiva, inveja e ignorância. Nenhum ser comum, humano ou animal, rico ou pobre, libertou-se definitivamente do sofrimento. Todos têm que experienciar o ciclo de morte e renascimento descontrolados vida após vida e, portanto, são objetos dignos de compaixão.

A principal função da antinocividade, ou compaixão, é nos impedir de prejudicar os outros. Uma pessoa cuja mente esteja repleta de compaixão jamais sentirá o desejo de ferir alguém. É somente por falta de compaixão que às vezes temos a intenção de ferir os outros. Compaixão e intenções nocivas são como água e fogo, totalmente incompatíveis. Para um budista, abster-se de prejudicar os outros é uma das práticas mais importantes. Praticando antinocividade constantemente, estaremos sempre praticando o Dharma, ainda que não possamos fazer meditações formais.

Buda disse que devemos cultivar compaixão por todos os seres vivos sem discriminação e dedicar todas as nossas ações para o seu benefício e felicidade. Se adotarmos sinceramente esse conselho e o colocarmos em prática, vamos nos tornar um ser realizado, como um Bodhisattva, e adotar seu estilo de vida. Dessa maneira, certamente alcançaremos a felicidade eterna da plena iluminação.

Para cultivar compaixão por todos os seres vivos, precisamos treinar nossa mente de uma maneira especial. Contemplamos:

> *Sou apenas um enquanto os outros são incontáveis. Minha felicidade e sofrimento são insignificantes quando comparados à felicidade e ao sofrimento de todos os outros seres vivos.*

Se realmente sentirmos que a felicidade dos outros é importante, acharemos fácil gerar um desejo genuíno de livrá-los do seu sofrimento. Esse desejo sincero é compaixão. Meditamos sobre ele o quanto for possível.

Esse é um método simples para cultivar compaixão por todos os seres vivos, mas o sucesso dessa prática depende de primeiro cultivarmos uma mente que aprecia todos os seres vivos. Conselhos detalhados sobre como apreciar os outros podem ser encontrados no livro *Novo Oito Passos para a Felicidade*.

Porque somos seres do reino do desejo, a maioria dos nossos problemas surge do apego. Se investigarmos com cuidado, veremos que até as guerras são causadas principalmente por apego. Temos um apego tão forte por nossa felicidade, opiniões, desejos, posses etc. que, quando nossos desejos são contrariados, sentimos raiva, e isso pode nos levar a brigar ou até a matar. A compaixão se opõe ao apego. Enquanto o apego surge da atenção imprópria, a compaixão surge da atenção apropriada. Como apego e compaixão nunca se manifestam ao mesmo tempo, se tivermos compaixão, não haverá base para brigarmos ou prejudicarmos os outros.

A grande compaixão nasce de renúncia. Se pudermos compreender nosso próprio samsara e gerar renúncia a ele, poderemos compreender o samsara dos outros e gerar compaixão por eles. Como seres humanos, cada um de nós experiencia muitos sofrimentos, e é relativamente fácil vermos as falhas do samsara e desejar nos livrar dele. Se dirigirmos nossa atenção para os outros, veremos que eles também experienciam imenso sofrimento e sentiremos compaixão por eles.

Compaixão é uma maneira poderosa de purificar nossa mente. Se nossa mente for pura, seus objetos também serão puros. Experienciaremos tudo como puro – nosso ambiente, prazeres, corpo e mente. Com uma mente pura, poderemos enxergar diretamente seres sagrados, como Budas e Bodhisattvas. Esse é um assunto muito importante, embora não seja fácil compreendê-lo logo de início. Primeiro, precisamos entender a relação entre um objeto e a mente que o apreende. Normalmente, acreditamos que o objeto existe "lá fora", independente da nossa mente, enquanto a mente está "aqui dentro". Experienciamos, assim, uma lacuna entre nossa mente e seu objeto, o que indica que, na realidade, não compreendemos a relação entre eles. Tomemos como exemplo a mente que percebe este livro. Percebemos o livro como se fosse independente da mente e não tivesse relação com ela – nossa mente está aqui e o livro está lá. Isso é uma aparência equivocada.

Os ensinamentos de Buda sobre sabedoria explicam que os fenômenos não existem do seu próprio lado. Contudo, pode ser difícil entender o que isso significa. Não basta falarmos sobre isso, precisamos obter uma compreensão profunda do seu verdadeiro significado. Nosso corpo não possui existência independente, ele não existe do seu próprio lado, independente da mente. Como ele existe, então? Para compreender isso, precisamos estudar livros como *Novo Manual de Meditação* e *Novo Coração de Sabedoria*, que explicam a vacuidade do eu, do corpo e dos outros fenômenos. Devemos tentar entender por que as coisas não existem do seu próprio lado, mas existem como meras imputações da mente, meras aparências à mente, tal como os objetos num sonho.

Dessa maneira, compreenderemos como os objetos dependem da mente subjetiva. Essas meras aparências são manifestações da vacuidade e não possuem existência independente. Elas não existem do seu próprio lado. Assim, dependendo da mente, um objeto é puro ou impuro, bonito ou feio, agradável ou desagradável. Se nossa mente for pura, seu objeto será puro, mas, enquanto ela continuar impura, experienciaremos somente objetos impuros.

Há muitos relatos de praticantes espirituais que, ao gerar uma forte compaixão, purificaram suas mentes da negatividade que vinha há muito obstruindo seu progresso espiritual. Por exemplo, o mestre budista indiano Arya Asanga desejava ver o ser iluminado Buda Maitreya diretamente. Para tanto, entrou num retiro do ioga de Buda Maitreya. Mas depois de três anos ainda não obtivera resultados. Desanimado, abandonou o retiro e deixou a caverna. Ao descer a montanha, encontrou um velho batendo num imenso bloco de ferro com uma pluma. Asanga perguntou-lhe o que fazia, e ele respondeu: "Estou cortando esse bloco de ferro". Então, Asanga indagou: "Como esperas cortar um bloco de ferro com uma pena?". O velho, que na realidade era uma emanação de Maitreya, respondeu: "Veja, já fiz algum progresso. Se eu continuar pacientemente, com certeza vou completar o que me propus a fazer". Asanga, então, pensou: "Este homem está investindo tamanho esforço numa meta tão insignificante! É claro que se eu continuar pacientemente meu retiro, alcançarei minha meta e beneficiarei as pessoas deste mundo". Assim, sentindo-se encorajado, retornou à sua caverna.

Mais três anos se passaram sem que Asanga recebesse uma visão de Maitreya e, desencorajado, resolveu abandonar seu retiro. No caminho de volta para casa, passou por uma cachoeira e notou um fio d'água, que, caindo continuamente sobre uma pedra, havia cavado um buraco na rocha. Ele pensou: "Essas pequeninas gotas d'água desgastaram a pedra dura com sua persistência. É claro que se eu for igualmente persistente na minha meditação, poderei desgastar minhas obstruções interiores e atingir minha meta." Com este pensamento, ele retornou mais uma vez à sua caverna.

Outros três anos se passaram sem sucesso, e ele, desanimado, novamente deixou a caverna. Dessa vez, viu um buraco num penhasco, dentro do qual pássaros haviam construído seus ninhos. Notou que, conforme os pássaros voavam para dentro e para fora, as pontas de suas asas roçavam na parede da rocha, e que, ao longo dos anos, isso havia cavado um nicho ali. Inspirado pelo efeito que uma ação tão suave pode causar se for repetida com frequência, ele retornou à sua caverna, determinado a remover todas as obstruções da sua mente.

Depois de meditar por mais três anos, Asanga completou doze anos de retiro. Sem saber que estava prestes a receber a visão que tanto almejara, decepcionado, decidiu voltar para casa. Na descida da montanha, deparou-se com um velho cachorro caído no meio do caminho. Tinha o corpo coberto de feridas infestadas de larvas e parecia estar à beira da morte. Tomado de compaixão, Asanga decidiu remover as larvas. Percebendo que se as pegasse com os dedos iria machucá-las, decidiu removê-las suavemente com a língua, mas de novo encheu-se de compaixão pensando que as larvas morreriam de fome se as colocasse no chão. Então, cortou um pedaço da sua coxa e, com a língua, começou a transferir delicadamente as larvas para a carne do seu corpo. Naquele instante, o cachorro subitamente desapareceu, e Maitreya surgiu diante de Asanga. Passada sua grande surpresa, Asanga perguntou: "Por que tive que esperar tanto para ver-te?". Maitreya respondeu: "Eu estive ao teu lado desde o começo do teu retiro, mas eras incapaz de me ver devido às tuas obstruções cármicas". Por ter gerado grande compaixão, Asanga havia purificado sua mente e conseguido, por fim, obter a visão que tanto almejara.

Conta-se uma história sobre Khedrubje, um dos discípulos-coração de Je Tsongkhapa, que também ilustra o poder da compaixão para purificar a mente e possibilitar uma visão direta dos seres sagrados. Um dia, depois da morte de Je Tsongkhapa, Khedrubje contemplava o estado dos seres vivos em tempos degenerados, com suas mentes rudes, poluídas por fortes delusões e visões errôneas. "Como posso ajudar todos esses pobres seres-mães?" pensou, e lágrimas de compaixão escorreram dos seus olhos. Como resultado dessa compaixão, Je Tsongkhapa apareceu diretamente diante dele e perguntou: "O que tens, meu filho? Por que estás chorando?". Quando Khedrubje falou sobre seu desejo de aliviar o sofrimento de todos os seres sencientes, Je Tsongkhapa encorajou-o dizendo: "Não te preocupes, sê paciente e confiante, que eu vou te ajudar".

A compaixão também é uma poderosa causa para renascer numa Terra Pura. Alguém que morra com uma mente de pura compaixão, com certeza renascerá numa Terra Pura. Geshe Chekhawa, autor de *Treinar a Mente em Sete Pontos*, fez da compaixão universal sua prática diária. Ele possuía a realização da prática de *trocar eu com outros* e disse a seus discípulos que seu principal desejo era renascer no inferno para poder ajudar os seres de lá. Contudo, quando estava morrendo, ele percebeu a visão de uma Terra Pura e disse: "Não satisfiz meu desejo, pois tenho que ir para a Terra Pura!". Porque o sol da sua compaixão desfez a escuridão das aparências impuras, ele não teve outra escolha a não ser ir para a Terra Pura. Outras informações sobre a vida e os ensinamentos de Geshe Chekhawa podem ser encontradas no livro *Compaixão Universal*.

Certa vez, no Tibete, um homem caiu num rio e ia sendo levado pela correnteza. Alguém que passava pela margem, vendo que o homem não sabia nadar e iria se afogar, sentiu o desejo compassivo de salvá-lo e imediatamente pulou no rio. Contudo, esse indivíduo, como a maioria dos tibetanos, também não sabia nadar, e os dois se afogaram. Um iogue que vivia na região viu com sua clarividência que o homem que havia tentado salvar o outro renascera numa Terra Pura. Por quê? Porque ele havia morrido com uma mente de compaixão. A compaixão purifica nossa mente e transforma nossas ações em ações puras, e ações puras produzem resultados puros.

A mente de compaixão possui incontáveis boas qualidades. Por exemplo, muitas pessoas desejam se tornar médicos para curar doenças; mas o melhor médico é o que tem compaixão. Se um médico tiver compaixão por todos os seres vivos, seus pacientes receberão as bênçãos de Buda através dele e, assim, ele será capaz de curar as doenças com mais facilidade. Portanto, o que quer que o médico faça - examinar, prescrever tratamentos, operar, receitar medicamentos -, os pacientes receberão as bênçãos de Buda através dele.

É claro que, como a maioria das doenças é física, a cura depende às vezes de condições exteriores, como o remédio correto. Contudo, mesmo que o médico não consiga curar uma doença, se ele tiver compaixão universal, seus pacientes, ainda assim, serão imensamente beneficiados ao receberem as bênçãos de Buda. Vão se sentir felizes e positivos e receber muitas marcas mentais virtuosas. Suas mentes negativas vão cessar, e sua paz mental aumentará. Assim, quem deseja se tornar um médico qualificado deve se empenhar para cultivar compaixão universal. Podemos dizer que as ações de um médico compassivo são similares às ações de um Buda, porque ambos possuem compaixão por todos os seres vivos. Um médico assim é como um Buda da Medicina.

Se quisermos curar os problemas físicos e mentais dos outros, temos que investir muito esforço para cultivar a grande compaixão. Não poderemos curar realmente o sofrimento alheio enquanto tivermos autoapreço. Um ser comum não pode curar um outro ser comum. Alguém qualificado para curar deve cultivar a realização interior da compaixão.

De modo similar, muitas pessoas desejam se tornar professores espirituais para beneficiar os outros, mas também neste caso o melhor método é cultivar compaixão universal. Se um professor tiver compaixão por todos os seres vivos, sempre que estiver dando ensinamentos e ajudando os outros, as pessoas receberão as bênçãos dos Budas através deste professor. Seus ensinamentos vão se tornar um poderoso remédio para curar as doenças das delusões.

Um professor assim é plenamente qualificado para conduzir os seres vivos ao êxtase da libertação e da plena iluminação.

Diz-se que todos os seres vivos possuem a natureza de Buda porque todos possuem alguma compaixão. Se gradualmente aperfeiçoarmos e expandirmos nossa compaixão, por fim desenvolveremos a grande compaixão, ou compaixão universal – o desejo de proteger todos os seres vivos do sofrimento. A partir do momento que gerarmos compaixão por todos os seres vivos, nossa natureza búdica despertará e começará a atuar. Assim, pela força da nossa compaixão, podemos ingressar no caminho Mahayana e progredir em todas as suas etapas até a iluminação. Se aperfeiçoarmos nossa grande compaixão, por fim ela se transformará na compaixão de um Buda, capaz de proteger todos os seres vivos. A compaixão de um Buda pode aparecer como qualquer objeto que um ser vivo necessite, como ambientes, prazeres, amigos, professores espirituais, médicos ou remédios. A compaixão ajuda a todos – ela permeia tudo.

Contemplando todos esses benefícios da compaixão universal, tomamos a firme decisão de cultivar e manter compaixão por todos os seres vivos, sem exceção. Meditamos sobre essa determinação e depois a colocamos em prática em nossa vida diária.

Depois de gerar compaixão pelos seres vivos desejando sinceramente ajudar todos eles sem exceção, precisamos entender que atualmente não temos a habilidade para fazê-lo, e que só os seres iluminados possuem esse poder. Motivados por compaixão, geramos, então, a mente de bodhichitta, desejando alcançar a iluminação para o benefício de todos. Para satisfazer as duas intenções da bodhichitta – livrar todos os seres vivos do renascimento samsárico e alcançar a grande libertação de um Buda –, podemos tomar os votos bodhisattva e transformar todas as nossas atividades diárias no estilo de vida do Bodhisattva. Gradualmente, conforme completarmos o caminho do Bodhisattva – a realização das seis perfeições –, alcançaremos a grande libertação de um Buda, a plena iluminação.

Buda Rei do Monte Meru

Purificação e Preces

A FORÇA DA DESTRUIÇÃO

Neste contexto, destruição refere-se à prática de purificação, que destrói, ou purifica, nossas ações não virtuosas acumuladas. O efeito amadurecido de não-virtude é um renascimento inferior; portanto, sem purificar nosso carma negativo, será muito difícil que, no futuro, tenhamos um renascimento elevado. Isso é especialmente importante para os praticantes de powa, pois carma negativo é o principal obstáculo para um renascimento na Terra Pura de um Buda.

Se acharmos difícil acreditar na possibilidade de nascer numa Terra Pura, podemos considerar alguns argumentos. No samsara, há incontáveis seres que estão nos reinos inferiores, como os animais e os seres-do-inferno, e outros tantos que estão nos reinos elevados, como os seres humanos e os deuses. Mesmo entre os humanos, alguns nascem em países ricos, no seio de famílias felizes, onde a vida é fácil e agradável, ao passo que outros nascem em países pobres e experienciam grande miséria e muitas dificuldades. Todos esses diferentes renascimentos acontecem sem escolha, ninguém ordenou: "Tu terás um renascimento superior, e tu, um renascimento inferior; tu irás para um país rico, e tu, para um país pobre". Ninguém tampouco escolheria nascer como um animal, um inseto ou um ser humano pobre, doente ou desamparado! Portanto, a questão que se coloca é por que algumas pessoas têm renascimentos elevados e outras não? Por que alguns são miseráveis e outros abastados? A não ser que sigamos os ensinamentos de Buda, não será possível encontrar uma resposta correta. Com sua sabedoria onisciente, Buda explicou a conexão sutil que existe entre as ações, ou carma, e seus efeitos.

Os Budas sabem que ações não virtuosas são a causa principal de um renascimento inferior, e que ações virtuosas são a causa principal de um renascimento elevado. Renascer como ser humano é fruto de virtude, mas os sofrimentos de humanos são efeitos de não-virtudes. A pobreza, por exemplo, resulta de uma ação negativa de roubar cometida anteriormente.

Se estudarmos com cuidado os ensinamentos de Buda sobre o carma, certamente concluiremos que os seres vivos possuem diferentes experiências porque acumularam diferentes carmas. De acordo com Buda, toda felicidade e sofrimento são criados pela mente, porque todas as ações são motivadas pelo fator mental intenção. Por exemplo, embora ninguém queira sofrer, muitas pessoas gostam de matar outros seres vivos para se divertir e, assim, sem entender que matar é uma ação não virtuosa, elas inadvertidamente criam as causas para seu próprio sofrimento futuro.

Já acumulamos infinitas ações não virtuosas nesta vida e em incontáveis vidas passadas e, se não as purificarmos, elas nos arremessarão num renascimento inferior, onde será impossível ter uma prática espiritual. Mesmo agora, essas ações não virtuosas e compromissos quebrados são sérias obstruções à satisfação dos nossos desejos e ao nosso progresso espiritual. É essencial purificarmos tudo isso sem demora. Ter a habilidade de purificar nossas ações não virtuosas é uma das principais vantagens de um renascimento como ser humano. Os animais têm pouca capacidade para praticar ações virtuosas e cometem naturalmente muitas ações negativas, como matar. Mas os seres humanos são livres, não apenas para se abster de ações não virtuosas, como para purificar todo o seu carma negativo anterior. Como os Geshes Kadampa costumavam dizer: "Agora é a hora de purificar carma negativo, não de criar mais! Agora é a hora de acumular mérito, não de desperdiçá-lo!". Se desperdiçarmos esta preciosa vida humana, será praticamente impossível encontrarmos outra oportunidade como esta.

A prática efetiva de purificação será explicada em quatro partes:

1. O poder do arrependimento
2. O poder da confiança
3. O poder da força oponente
4. O poder da promessa

Essas práticas são denominadas "os quatro poderes oponentes" porque têm o poder de purificar completamente todas as não-virtudes que acumulamos desde tempos sem início. Toda ação não virtuosa dá origem a quatro diferentes efeitos: o efeito amadurecido, o efeito que é uma experiência similar à causa, o efeito que é uma tendência similar à causa e o efeito ambiental. A ação de matar, por exemplo, tem como efeito amadurecido o renascimento em um dos três reinos inferiores – o reino animal, o reino dos espíritos famintos e o reino do inferno. A experiência similar à ação de matar é que, em renascimentos posteriores, sofreremos dor física, teremos saúde frágil e uma vida curta. A tendência similar à ação de matar é que, vida após vida, teremos uma forte propensão a matar seres vivos. Este é o pior efeito, porque nos prende no círculo vicioso de matar. Por fim, o efeito ambiental de matar é que o lugar onde viveremos será impuro, tornando difícil encontrarmos alimentos, água ou ar incontaminados, o que por sua vez debilitará nossa saúde.

O poder do arrependimento purifica o potencial do efeito que é uma experiência similar à causa; o poder da confiança purifica o potencial do efeito ambiental; o poder da força oponente purifica o potencial do efeito amadurecido; e o poder da promessa purifica o potencial do efeito que é uma tendência similar à causa. Ao fazer purificação sinceramente usando os quatro poderes oponentes, podemos destruir os potenciais dos quatro efeitos de todas as ações não virtuosas, e assim alcançar a libertação permanente do sofrimento físico e mental e especialmente do renascimento nos três reinos inferiores. Dessa maneira, extrairemos a real essência da nossa preciosa vida humana. Que maravilhoso!

Como praticar purificação usando os quatro poderes oponentes será explicado agora com base no *Sutra Mahayana de*

Confissão, também conhecido como *Sutra dos Três Montes Superiores* e *A Confissão Bodhisattva das Quedas Morais*, que se encontra no apêndice II. Explicações mais detalhadas estão no livro *O Voto Bodhisattva*.

O PODER DO ARREPENDIMENTO

Se ingeríssemos até a mais ínfima gota de veneno, ficaríamos apavorados com seu efeito iminente. Ora, o efeito das nossas ações negativas passadas deveria nos causar um medo muito maior. Um veneno exterior pode nos deixar doentes ou até nos matar, mas sua capacidade de nos prejudicar se restringe a esta única vida. O veneno interior do nosso carma negativo, por outro lado, irá nos prejudicar em todas as nossas vidas, causando-nos incessante dor física e mental e impedindo-nos de obter renascimentos elevados e realizações espirituais. Uma vez que esse veneno já está no nosso continuum mental, precisamos gerar um forte arrependimento e tomar a decisão de purificar os potenciais das nossas ações negativas o mais rapidamente possível. Tendo meditado sobre essa determinação, nós a colocamos em prática.

O PODER DA CONFIANÇA

Confiando sinceramente nas Três Joias, podemos purificar completamente todas as nossas ações não virtuosas e conquistar o refúgio último da Budeidade. Portanto, precisamos buscar refúgio confiando sinceramente em Buda, Dharma e Sangha. Esse é o significado do poder da confiança.

Primeiro, visualizamos os objetos de refúgio a quem faremos a confissão. No espaço à nossa frente, visualizamos Buda Shakyamuni sentado num trono, sobre almofadas de lótus, lua e sol. Seu corpo é dourado e ele está na postura conhecida como "Buda Shakyamuni conquistando os maras". Suas pernas cruzadas estão na postura vajra. O cotovelo direito encosta no quadril, e o antebraço, apoiado na coxa direita, estende-se até o joelho, de modo que o dedo médio toca a almofada de sol. Este mudra indica que ele venceu o mara Devaputra. A mão esquerda, com a palma voltada para cima, está abaixo do umbigo no mudra do equilíbrio meditativo e segura uma tigela de lápis-lazúli que contém os três néctares, indicando que ele conquistou o mara da morte descontrolada, o mara dos agregados contaminados e o mara das delusões. Ele usa as três vestes de uma pessoa ordenada, e seu corpo está adornado com os trinta e dois sinais e as oitenta indicações de um Buda. Seu corpo é a síntese de todas as Joias Sangha, sua fala de todas as Joias Dharma, e sua mente de todas as Joias Buda.

Ele está rodeado pelos outros trinta e quatro Budas Confessionais. Acreditamos firmemente que esses seres iluminados estão de fato presentes no espaço à nossa frente e com intensa fé nas Três Joias contemplamos:

> *Confiando em Buda, Dharma e Sangha vou purificar todas as minhas ações não virtuosas e conquistar a Joia Buda para poder beneficiar todos os seres vivos sem exceção.*

Meditamos brevemente sobre essa intenção.

O PODER DA FORÇA OPONENTE

Enquanto os outros três poderes oponentes são como membros que sustentam um corpo, o poder da força oponente é como o próprio corpo, pois ele é o oponente direto a todos os efeitos negativos das nossas ações não virtuosas.

Para praticar o poder da força oponente, visualizamos os potenciais de todo o nosso carma negativo sob o aspecto de uma fumaça densa e escura em nosso coração e acreditamos firmemente que os Trinta e Cinco Budas Confessionais têm o poder de purificar todo esse carma. Lembramos a função específica de cada Buda para purificar determinadas não-virtudes, como explicado no livro *O Voto Bodhisattva*. Então, com os poderes do arrependimento e da confiança fazemos prostrações aos seres sagrados, pedindo-lhes que purifiquem nossas não-virtudes e compromissos quebrados, enquanto recitamos o *Sutra Mahayana de Confissão* e nos concentramos em seu significado. Porque esta prática é feita juntamente com as prostrações, ela é especialmente poderosa.

Imaginamos que, como resultado desses pedidos, um fluxo de luz de sabedoria e néctar desce do coração dos seres sagrados, entra pela nossa coroa e vai até nosso coração, onde destrói completamente a fumaça escura – os potenciais do nosso carma negativo –, assim como a luz do sol destrói a escuridão da noite. Acreditando firmemente que, de fato, purificamos nosso carma negativo, geramos uma sensação de alegria e a mantemos unifocadamente.

O PODER DA PROMESSA

Não-virtude é definida como qualquer ação de corpo, fala e mente que seja a principal causa de sofrimento. Uma vez que desejamos evitar sofrimento, temos que parar de criar suas causas. Pensando assim, vamos gerar a intenção de nos abster de todas as ações não virtuosas de corpo, fala e mente e depois mantê-la.

O poder da promessa varia de acordo com a nossa capacidade. Inicialmente, podemos gerar apenas a intenção de nos abster de todas as ações negativas. Depois, precisamos fortalecer essa intenção até que ela se estabilize. Então, fazemos a promessa de efetivamente nos abster de todas as ações negativas.

Para gerar o poder da promessa, contemplamos que cada ação não virtuosa dá origem a quatro tipos de efeito, como foi explicado anteriormente e em mais detalhes no livro *Caminho Alegre da Boa Fortuna*. Desse modo, devemos sentir um profundo arrependimento por todas as ações negativas que cometemos no passado. Surgirá, então, uma forte determinação de nos abster de cometê-las novamente no futuro.

Em resumo, para purificar nossas não-virtudes, primeiro geramos um forte arrependimento por tê-las criado, lembrando que elas são a principal causa de todo o nosso sofrimento presente e futuro. Depois, aplicamos o poder da confiança pensando:

Uma vez que somente Buda, Dharma e Sangha têm o poder de proteger os seres vivos do sofrimento e de suas causas, devo confiar neles do fundo do meu coração e receber suas bênçãos para purificar completamente todas as minhas não-virtudes.

Com essa motivação, praticamos o poder da força oponente, neste caso, prostrando-nos aos Trinta e Cinco Budas Confessionais. No final de cada sessão, fazemos uma promessa ou pelo menos geramos a intenção de nos abstermos de todas as ações não virtuosas no futuro.

A FORÇA DA PRECE DE ASPIRAÇÃO

Com esta preciosa vida humana temos a grande oportunidade de conquistar duas coisas importantes: as realizações das etapas do caminho – desde a realização de confiar no Guia Espiritual até a realização da visão superior – e a Terra Pura de um Buda. Essas duas conquistas são a verdadeira essência da nossa vida humana.

O método essencial para alcançá-las foi explicado neste livro. Agora, precisamos fazer preces para conquistar os nossos objetivos. Como mencionado, se dedicarmos nossas virtudes para uma meta específica com muita fé e convicção, certamente iremos alcançá-la; logo, se dedicarmos nossas virtudes para obter as realizações das etapas do caminho e alcançar a Terra Pura de um Buda, com certeza teremos sucesso. Fazer preces especiais para o sucesso da nossa prática é a força da prece de aspiração.

Começamos cada prática das etapas do caminho fazendo preces especiais para obter a realização da prática em questão e concluímos dedicando o mérito que acumulamos para obter a realização daquela prática. Por exemplo, se formos fazer a meditação de powa, faremos repetidos pedidos a todos os seres iluminados para que nos concedam suas bênçãos a fim de alcançarmos essa realização específica; e depois da meditação, dedicamos nosso mérito para alcançar essa realização, recitando as preces abaixo.

Em geral, é muito importante dedicar todas as nossas ações virtuosas – tais como nossas práticas de oferenda e de generosidade, disciplina moral, paciência, esforço, concentração e sabedoria – para conquistarmos todas as etapas do caminho à iluminação e a Terra Pura de um Buda. Para tanto, cantamos ou recitamos as seguintes preces, concentrando-nos em seu significado:

Pela força das minhas ações virtuosas,
Como fazer prostrações, oferendas e o treino nas meditações de powa,
Possa eu rapidamente me tornar Avalokiteshvara, o Buda da Compaixão,
E então conduzir cada ser vivo sem exceção a esse estado.

Que a preciosa, suprema bodhichitta
Cresça onde ainda não tenha crescido.
Onde tenha crescido, possa ela não decrescer,
Mas florescer para sempre.

Este livro, *Viver Significativamente, Morrer com Alegria*, são os ensinamentos do Venerável Geshe Kelsang Gyatso Rinpoche. Estes ensinamentos foram gravados e transcritos e, então, editados principalmente por ele e por alguns dos seus estudantes seniores.

Apêndice I

O Sentido Condensado do Texto

O Sentido Condensado do Texto

A explicação da prática de powa tem duas partes:

1. Praticar o powa para beneficiar a nós e aos outros
2. Integrar as cinco forças à prática de powa

Praticar o powa para beneficiar a nós e aos outros tem quatro partes:

1. Fazer as práticas preliminares
2. Treinar na meditação propriamente dita do powa
3. Aplicar a prática do powa na hora da morte
4. Aplicar a prática do powa para o benefício dos outros

Fazer as práticas preliminares tem duas partes:

1. A prática durante a sessão de meditação
2. A prática no intervalo entre meditações

A prática durante a sessão de meditação tem sete partes:

1. Buscar refúgio e gerar a bodhichitta
2. Visualizar Arya Avalokiteshvara
3. Prece dos sete membros
4. Oferecer o mandala
5. Pedir os cinco grandes significados
6. Recitação do mantra
7. Os três reconhecimentos

A prece dos sete membros tem sete partes:

1. Prostração
2. Oferenda

3. Confissão
4. Regozijo
5. Rogar a permanência dos seres sagrados
6. Pedir que a Roda do Dharma seja girada
7. Dedicatória

Treinar na meditação propriamente dita do powa tem cinco partes:

1. Visualização
2. As três percepções
3. Pedidos
4. A meditação propriamente dita
5. Dedicatória

Aplicar a prática do powa na hora da morte tem seis partes:

1. As causas da morte
2. As circunstâncias da morte
3. Os sinais da morte
4. As mentes da morte
5. O sinal de que a morte terminou
6. Como aplicar a prática do powa na hora da morte

Aplicar a prática do powa para o benefício dos outros tem duas partes:

1. Entender a morte, o estado intermediário e o renascimento
2. Como aplicar a prática do powa para o benefício dos outros

Entender a morte, o estado intermediário e o renascimento tem três partes:

1. Entender a morte
2. Entender o estado intermediário
3. Entender o renascimento

Como aplicar a prática do powa para o benefício dos outros tem duas partes:

1. Beneficiar quem morreu
2. Beneficiar quem está prestes a morrer

Beneficiar que morreu tem duas partes:

1. Beneficiar quem morreu por meio da prática do powa
2. Beneficiar quem morreu por meio de preces e dedicatória

Beneficiar quem morreu por meio da prática do powa tem duas partes:

1. Autogeração
2. A prática própriamente dita

Autogeração tem sete partes:

1. Buscar refúgio e gerar a bodhichitta
2. Gerar as quatro incomensuráveis
3. Autogeração como Avalokiteshvara
4. Oferendas à autogeração
5. Louvor
6. Recitação do mantra
7. Dedicatória

A prática própriamente dita tem três partes:

1. Gerar quem morreu como uma pessoa viva
2. Purificar o carma negativo de quem morreu
3. Transferir a consciência de quem morreu para a Terra Pura

Transferir a consciência de quem morreu para a Terra Pura tem sete partes:

1. Visualização
2. As três percepções
3. Prece dos sete membros
4. Oferenda do mandala curto
5. Pedidos
6. A meditação propriamente dita
7. Dedicatória

Beneficiar quem morreu por meio de preces e dedicatória tem duas partes:

1. Acumular uma grande coleção de mérito e sabedoria
2. Dedicar essa coleção para o benefício de quem morreu

Integrar as cinco forças à prática do powa tem cinco partes:

1. A força da motivação
2. A força da familiaridade
3. A força da semente branca
4. A força da destruição
5. A força da prece de aspiração

A força da semente branca tem onze partes:

1. Fé
2. Senso de vergonha
3. Consideração pelos outros
4. Antiapego
5. Antiódio
6. Anti-ignorância
7. Esforço
8. Maleabilidade mental
9. Conscienciosidade
10. Equanimidade
11. Antinocividade

Conscienciosidade tem duas partes:

1. Uma explicação da conscienciosidade
2. Uma explicação das seis delusões raízes

Uma explicação das seis delusões raízes tem seis partes:

1. Apego
2. Raiva
3. Orgulho deludido
4. Ignorância
5. Dúvida deludida
6. Visão deludida

A força da destruição tem quatro partes:

1. O poder do arrependimento
2. O poder da confiança
3. O poder da força oponente
4. O poder da promessa

Apêndice II

Sadhanas

Prece Libertadora

LOUVOR A BUDA SHAKYAMUNI

Ó Abençoado, Shakyamuni Buda,
Precioso tesouro de compaixão,
Concessor de suprema paz interior,

Tu, que amas todos os seres sem exceção,
És a fonte de bondade e felicidade,
E nos guias ao caminho libertador.

Teu corpo é uma joia-que-satisfaz-os-desejos,
Tua fala é um néctar purificador e supremo
E tua mente, refúgio para todos os seres vivos.

Com as mãos postas, me volto para ti,
Amigo supremo e imutável,
E peço do fundo do meu coração:

Por favor, concede-me a luz de tua sabedoria
Para dissipar a escuridão da minha mente
E curar o meu continuum mental.

Por favor, me nutre com tua bondade,
Para que eu possa, por minha vez, nutrir todos os seres
Com um incessante banquete de deleite.

Por meio de tua compassiva intenção,
De tuas bênçãos e feitos virtuosos
E por meu forte desejo de confiar em ti,

Que todo o sofrimento rapidamente cesse,
Que toda a felicidade e alegria aconteçam
E que o sagrado Dharma floresça para sempre.

Cólofon: Esta prece foi escrita por Venerável Geshe Kelsang Gyatso Rinpoche e é recitada regularmente no início de ensinamentos, meditações e preces nos Centros Budistas Kadampa em todo o mundo.

Via à Terra Pura

SADHANA PARA O TREINO DO POWA

Introdução

Em geral a transferência de consciência, ou powa, significa que a mente deixa o corpo e passa para um estado mais elevado pela força da meditação. Assim, quando treinamos o powa, estamos aprendendo a separar a mente do corpo por meio de meditação. Embora se diga que um treino de powa bem-sucedido pode encurtar gradualmente nosso tempo de vida, o treino aqui apresentado não comporta tal risco.

Essa prática especial de powa cumpre a mesma função que o ioga incomum da inconceptibilidade de Vajrayogini; por meio desse treino podemos alcançar uma Terra Pura de Buda, como a Terra Pura Dakini, sem abandonar nosso corpo humano.

A instrução apresentada nesta sadhana combina as instruções comuns de powa, como as que foram escritas pelo I Panchen Lama e por Ngulchu Dharmabhadra, com as instruções incomuns de powa vindas da Linhagem Oral Ganden. Somos extremamente afortunados pela oportunidade de receber e praticar essa profunda instrução.

Geshe Kelsang Gyatso
1999

Via à Terra Pura

AS PRÁTICAS PRELIMINARES

Buscar refúgio e gerar a bodhichitta

Eu e todos os seres sencientes, até alcançarmos a iluminação,
Nos refugiamos em Buda, Dharma e Sangha.
Pelas virtudes que coleto, praticando o dar e as outras perfeições,
Que eu me torne um Buda para o benefício de todos. (3x)

Visualizar Arya Avalokiteshvara

Eu e todos os seres sencientes, tão extensos como o espaço,
Temos em nossa coroa um lótus branco e um assento de lua.
Acima deles, do HRIH surge Arya Avalokiteshvara.
Ele tem um corpo branco e translúcido a irradiar luzes de cinco cores.
Com sua expressão sorridente nos fita com olhos de compaixão.
Possui quatro mãos, as duas primeiras juntas na altura do coração,
Abaixo, as outras duas seguram um rosário de cristal e um lótus branco.
Está adornado com sedas e joias preciosas
E veste na parte de cima uma pele de antílope.
Sua coroa está adornada com Amitabha
Senta-se com as duas pernas em postura-vajra,
E atrás dele ergue-se uma lua imaculada.
Ele é a síntese de todos os objetos de refúgio.

Prece dos sete membros

Prostração

De cada poro do meu corpo, eu emano outro corpo,
De cada poro destes corpos, emano muitos outros corpos.
Com esses incontáveis corpos emanados que preenchem o mundo inteiro,
Eu me prostro a ti, Avalokiteshvara, Buda da Compaixão.

Oferenda

A natureza última de todas as formas que existem nos infinitos mundos
Aparece como incontáveis Rupavajras brancas que permeiam o espaço.
Essas lindas deusas a segurar espelhos nos quais se reflete o universo inteiro,
Eu te ofereço, Avalokiteshvara, Buda da Compaixão.

A natureza última de todos os sons que existem nos infinitos mundos
Aparece como incontáveis Shaptavajras azuis que permeiam o espaço.
Essas lindas deusas a tocar encantadoras flautas,
Eu te ofereço, Avalokiteshvara, Buda da Compaixão.

A natureza última de todos os odores que existem nos infinitos mundos
Aparece como incontáveis Gändhavajras amarelas que permeiam o espaço.
Essas lindas deusas a segurar ricas conchas com doces perfumes,
Eu te ofereço, Avalokiteshvara, Buda da Compaixão.

A natureza última de todos os sabores que existem nos infinitos mundos
Aparece como incontáveis Rasavajras vermelhas que permeiam o espaço.
Essas lindas deusas a segurar ricos vasilhas repletas com os três néctares preciosos,
Eu te ofereço, Avalokiteshvara, Buda da Compaixão.

A natureza última de todos os objetos táteis que existem nos infinitos mundos
Aparece como incontáveis Parshavajras verdes que permeiam o espaço.
Essas lindas deusas a segurar vestimentas celestiais de toque supremamente macio,
Eu te ofereço, Avalokiteshvara, Buda da Compaixão.

Confissão

Na presença dos grandes Compassivos, confesso com uma mente de grande arrependimento
Todas as não-virtudes e ações negativas que, desde tempos sem início,
Eu fiz, ordenei que fossem feitas ou com as quais me regozijei;
E prometo que, de agora em diante, não vou mais cometê-las.

Regozijo

Como eu, todos os Budas já vagaram pelos caminhos dolorosos do samsara;
Mas, por meio de grande esforço, ingressaram no caminho do Bodhisattva
E, avançando por todas as suas etapas, alcançaram a completa iluminação.
Do fundo do meu coração, regozijo-me com suas aquisições virtuosas; que eu venha a ser como eles.

Rogar aos seres sagrados que permaneçam

Sem Guias Espirituais, que são manifestações da compaixão
dos Budas,
A conduzir os seres sencientes pelo caminho à libertação, este
mundo mergulharia na escuridão espiritual.
Ó sagrados seres iluminados, eu vos peço do fundo do meu
coração,
Por favor, permanecei conosco por incontáveis éons para
iluminar o caminho espiritual.

Pedir que a Roda do Dharma seja girada

Atendendo ao pedido de Brahma e Indra para que girasse
a Roda do Dharma,
Buda ensinou muitos métodos para curar as doenças das delusões,
Os quais conduziram incontáveis seres à libertação do
sofrimento;
Portanto, eu peço aos seres sagrados que ensinem o Dharma
precioso.

Dedicatória

Pelas virtudes que acumulei ao fazer prostrações, oferendas
e assim por diante,
Que o santo Dharma floresça, e que todos os seres vivos
realizem as etapas do caminho.
Em particular, que eu alcance a Terra Pura de um Buda
E conduza todos os seres vivos ao estado da plena iluminação.

Oferenda do mandala

O chão espargido com perfume e salpicado de flores,
A Grande Montanha, quatro regiões, sol e lua,
Percebidos como Terra de Buda e assim oferecidos.
Que todos os seres desfrutem dessas Terras Puras.

Ofereço, sem nenhum sentimento de perda,
Os objetos que despertam apego, ódio e confusão,
Amigos, inimigos e estranhos, nossos corpos e prazeres.
Peço, aceita-os e abençoa-me, livrando-me diretamente dos três venenos.

IDAM GURU RATNA MANDALAKAM NIRYATAYAMI

Pedir os cinco grandes significados

Ó Arya Avalokiteshvara, Tesouro de Compaixão,
E todo o teu séquito, por favor, ouve-me.

Por favor, liberta rapidamente a mim e a todas as minhas mães e pais,
As seis classes de seres vivos, do oceano do samsara.

Por favor, gera rapidamente em nosso continuum mental
O vasto e profundo Dharma da insuperável bodhichitta.

Com teu compassivo néctar, por favor, purifica velozmente
O carma e a delusão que acumulamos desde tempos sem início.

E com tuas mãos compassivas, por favor, conduze-nos velozmente
Eu e todos os seres vivos à Terra Pura de Êxtase.

Ó Amitabha e Avalokiteshvara,
Em todas as nossas vidas, peço, sede nosso Guia Espiritual,
E revelando perfeitamente o caminho inequívoco,
Por favor, conduzi-nos velozmente ao estado da Budeidade.

Recitação do mantra

Como resultado desses pedidos unifocalizados,
Raios de luz irradiam-se do corpo de Arya Avalokiteshvara
E purificam aparências cármicas impuras e percepções equivocadas.

O ambiente se transforma na Terra Pura de Êxtase
E o corpo, fala e mente de todos os habitantes
Transformam-se no corpo, fala e mente de Avalokiteshvara.
Tudo o que conhecemos por ter visto, ouvido e pensado torna-se inseparável da vacuidade.

OM MANI PEME HUM (100x ou mais)

Os três reconhecimentos

Todas as formas físicas, minhas e dos outros, são manifestações do corpo de Arya Avalokiteshvara,
Todos os sons são manifestações do mantra de seis letras,
E toda atividade mental surge da grande excelsa sabedoria.

TREINAR NA MEDITAÇÃO PROPRIAMENTE DITA DO POWA

Visualização

Meu corpo de luz é translúcido como um arco-íris.
Sobre minha coroa está Guru Avalokiteshvara, a síntese de todos os Budas.
No seu coração, o Dharmakaya de todos os Budas
Aparece como uma joia oval de luz branca do tamanho de um polegar.

No centro do meu corpo, está o canal central,
Vermelho e translúcido, oco e da espessura de uma flecha.
Começando quatro dedos abaixo do umbigo, ele se alarga conforme ascende
Para se juntar à porta inferior de Avalokiteshvara, acima da minha coroa.

Em meu coração, dentro do canal central, está a minha mente,
Uma gota branco-avermelhada cintilante, do tamanho de uma ervilha.

Eu, a gota, tenho que obter a libertação do samsara
Alcançando a Terra Pura de um Buda.

As três percepções

Minha mente, a gota, é um viajante rumo à Terra Pura;
Meu canal central é a estrada;
O Dharmakaya de todos os Budas no coração de
Avalokiteshvara é a minha destinação.

Pedidos

Ó Guru Avalokiteshvara, síntese de todos os Budas das dez
direções,
Peço que afastes todos os meus obstáculos internos e externos.
Por favor, abençoa-me para completar o profundo caminho da
transferência
E me conduz à suprema Terra Pura de Buda. (3x)

A meditação propriamente dita

Devido aos meus pedidos unifocalizados, da joia oval de luz branca – o Dharmakaya de todos os Budas no coração de Avalokiteshvara –, um gancho de luz branca desce pelo meu canal central e alcança a mente-gota em meu coração. Conforme a gota é fisgada, empurro meu vento de esvaziamento descendente para cima.

HIC
Com minha mente-gota no chakra do coração pronta para ascender, como um pássaro prestes a voar, meu corpo se dissolve na gota até a altura do coração.

HIC
Conforme minha mente-gota ascende até o centro do chakra da garganta, meu corpo se dissolve na gota até a altura da garganta.

HIC
Conforme minha mente-gota ascende até o centro do chakra da coroa, o restante do meu corpo se dissolve na gota.

Minha mente-gota ingressa instantaneamente na porta inferior de Avalokiteshvara e, ao alcançar seu coração, se dissolve inseparavelmente no Dharmakaya de todos os Budas.

Experiencio a união de êxtase e vacuidade, que é completa pureza. Alcancei a Terra Pura de Buda.

Meditamos sobre essa experiência sem distração pelo maior tempo possível. Podemos repetir essa meditação três ou sete vezes em cada sessão, desde a visualização "Meu corpo de luz é translúcido como um arco-íris..." até o fim da meditação.

Dedicatória

Pela força das minhas ações virtuosas,
Como fazer prostrações, oferendas e o treino nas meditações de powa,
Possa eu rapidamente me tornar Avalokiteshvara, o Buda da Compaixão,
E então conduzir cada ser vivo sem exceção a esse estado.

Que a preciosa bodhichitta suprema
Cresça onde ainda não tenha crescido,
Onde tenha crescido, possa ela não decrescer,
Mas florescer para sempre.

Preces pela Tradição Virtuosa

Para que a tradição de Je Tsongkhapa,
O Rei do Dharma, floresça,
Que todos os obstáculos sejam pacificados
E todas as condições favoráveis sejam abundantes.

Pelas duas coleções, minhas e dos outros,
Reunidas ao longo dos três tempos,
Que a doutrina do Conquistador Losang Dragpa
Floresça para sempre.

Prece *Migtsema* de nove versos

Tsongkhapa, ornamento-coroa dos eruditos da Terra das Neves,
Tu és Buda Shakyamuni e Vajradhara, a fonte de todas as conquistas,
Avalokiteshvara, o tesouro de inconcebível compaixão,
Manjushri, a suprema sabedoria imaculada,
E Vajrapani, o destruidor das hostes de maras.
Ó Venerável Guru Buda, síntese das Três Joias,
Com meu corpo, fala e mente, respeitosamente faço pedidos.
Peço, concede tuas bênçãos para amadurecer e libertar a mim e aos outros,
E confere-nos as aquisições comuns e a suprema. (3x)

Colófon: Esta sadhana, ou prece ritual para obter aquisições espirituais, foi compilada por Venerável Geshe Kelsang Gyatso Rinpoche a partir de fontes tradicionais.

Cerimônia de Powa

TRANSFERÊNCIA DE CONSCIÊNCIA DE QUEM MORREU

Introdução

Essa prática de transferência de consciência, conhecida como powa, pode ser realizada por um grupo de praticantes ou individualmente. Nosso propósito ao fazê-la é conduzir incontáveis seres que morreram à Terra Pura de um Buda.

Sabemos que neste mundo milhões de humanos e bilhões de animais morrem todos os dias das mais diferentes causas. Se todos esses seres vivos tiverem a oportunidade de renascer na Terra Pura de um Buda, eles alcançarão a libertação permanente do sofrimento e experienciarão felicidade pura e duradoura. Com nossa prática de powa, podemos oferecer-lhes essa preciosa oportunidade. Além disso, criaremos para nós uma imensa coleção de virtudes, que também nos levará ao caminho da Terra Pura de um Buda.

O powa é feito para o benefício daqueles que morreram há pouco tempo, tradicionalmente no prazo de quarenta e nove dias depois do seu falecimento. Como preparação para essa prática ritual, começamos dispondo belas oferendas, como velas e flores. Num pedaço de papel, escrevemos uma grande letra R com tinta vermelha, que simboliza os renascimentos contaminados de todos os falecidos. Prendemos o papel numa vareta para fazer uma bandeira e a colocamos num recipiente adequado como, por exemplo, um pequeno jarro. A seguir, colocamos uma vela num prato raso. A bandeira e a vela devem ficar numa pequena mesa à nossa frente.

Se a prática estiver sendo feita em grupo, ela poderá ser iniciada com alguns ensinamentos práticos sobre como gerar compaixão por todos os seres vivos, transmitidos por um professor de Dharma experiente. Se estivermos praticando sozinhos, devemos gerar compaixão por todos os seres vivos lembrando seu imenso sofrimento. Então, com compaixão por todos aqueles que morreram, realizamos as seguintes etapas da cerimônia:

1. Para o benefício dos que morreram, acumulamos uma grande coleção de virtude e mérito. Fazemos prostrações e extensivas oferendas aos seres sagrados para que aqueles que morreram reúnam as condições necessárias para renascerem na Terra Pura de um Buda.
2. Para o benefício dos que morreram, purificamos os quatro principais obstáculos para que eles renasçam na Terra Pura de um Buda, fazendo pedidos sinceros a Buda Vajrasattva com o mantra de cem letras. Esses obstáculos são as não-virtudes e ações negativas que eles criaram (1) fisicamente, (2) verbalmente, (3) mentalmente e (4) com seu corpo, fala e mente juntos.
3. Pelo poder da nossa intenção compassiva, poderosa prece, e concentração ao fazer essa prática, vamos transferir a consciência dos falecidos para a Terra Pura do Buda da Compaixão a fim de que desfrutem de felicidade pura e duradoura.
4. Pelo poder da nossa concentração na prática ritual especial de encerramento e na recitação do mantra, criamos uma auspiciosidade especial para que os falecidos alcancem a libertação permanente do renascimento samsárico.

Então, concluímos a prática de powa com as preces dedicatórias.

Esta sadhana também pode ser praticada para nós mesmos, como treinamento para transferir nossa consciência no momento da morte, ver página 188.

Geshe Kelsang Gyatso
2005

Cerimônia de Powa

PRÁTICAS PRELIMINARES

Buscar refúgio e gerar a bodhichitta

Eu e todos os seres sencientes, até alcançarmos a iluminação,
Nos refugiamos em Buda, Dharma e Sangha.
Pelas virtudes que coleto, praticando o dar e as outras perfeições,
Que eu me torne um Buda para o benefício de todos. (3x)

Gerar as quatro incomensuráveis

Que cada um seja feliz,
Que cada um liberte-se da dor,
Que ninguém jamais seja separado de sua felicidade,
Que todos tenham equanimidade, livres do ódio e do apego.

Visualizar o Campo para Acumular Mérito

Eu e todos os aqueles que morreram, tão extensos como o espaço,
Temos em nossa coroa um lótus branco e um assento de lua.
Acima desses, do HRIH surge Arya Avalokiteshvara.
Ele tem um corpo branco e translúcido a irradiar cinco cores.
Com sua expressão sorridente nos fita com olhos de compaixão.
Possui quatro mãos, as duas primeiras juntas na altura do coração,
Abaixo, as outras duas seguram um rosário de cristal e um lótus branco.
Está adornado com sedas e pedras preciosas
E veste na parte de cima uma pele de antílope.

Sua coroa está adornada com Amitabha.
Senta-se com as duas pernas em postura-vajra,
E atrás dele ergue-se uma lua imaculada.
Ele é a síntese de todos os objetos de refúgio.

Prece dos sete membros

Prostração

De cada poro do meu corpo, eu emano outro corpo,
De cada poro destes corpos, emano muitos outros corpos.
Com esses incontáveis corpos emanados que preenchem o
mundo inteiro,
Eu me prostro a ti, Avalokiteshvara, Buda da Compaixão.

Oferenda

Para conduzir todos os que morreram à Terra Pura iluminada,
Faço excelentes oferendas
Ao sagrado ser supremo, Guru Avalokiteshvara,
E a todos os demais seres sagrados.

Sejam quantos forem os frutos e as flores que existam
E todos os diferentes tipos de remédio;
Todas as joias do mundo
E águas puras e refrescantes;

Montanhas de joias, arvoredos
E recantos silenciosos e alegres;
Árvores celestiais adornadas com flores
E outras que pendem repletas de deliciosos frutos;

Fragrâncias dos reinos celestiais,
Incenso, árvores-dos-desejos e árvores de joias;
Colheitas que dispensam cultivo
E todos os ornamentos dignos de serem oferecidos;

Lagoas e lagos adornados com lótus
E o lindo canto de gansos selvagens;
Tudo o que não tem dono
Em todos os mundos, tão extensos como o espaço.

Visualizo tudo isso e respeitosamente ofereço
A vós, os seres supremos, os Budas e Bodhisattvas.
Ó Compassivos, sagrados objetos dignos de oferenda,
Pensai em mim bondosamente e aceitai o que ofereço.

Eternamente oferecerei todos os meus corpos
Aos Budas e Bodhisattvas.
Respeitosamente me tornarei vosso servo;
Ó Heróis Supremos, por favor, aceitai-me.

A natureza última de todas as formas que existem nos infinitos mundos
Aparecem como incontáveis Rupavajras brancas que permeiam o espaço.
Essas lindas deusas a segurar espelhos nos quais se reflete o universo inteiro,
Eu te ofereço, Avalokiteshvara, Buda da Compaixão.

A natureza última de todos os sons que existem nos infinitos mundos
Aparecem como incontáveis Shaptavajras azuis que permeiam o espaço.
Essas lindas deusas a tocar encantadoras flautas,
Eu te ofereço, Avalokiteshvara, Buda da Compaixão.

A natureza última de todos os odores que existem nos infinitos mundos
Aparecem como incontáveis Gändhavajras amarelas que permeiam o espaço.
Essas lindas deusas a segurar ricas conchas com doces perfumes,
Eu te ofereço, Avalokiteshvara, Buda da Compaixão.

A natureza última de todos os sabores que existem nos infinitos mundos
Aparecem como incontáveis Rasavajras vermelhas que permeiam o espaço.
Essas lindas deusas a segurar vasilhas repletas com os três néctares preciosos,
Eu te ofereço, Avalokiteshvara, Buda da Compaixão.

A natureza última de todos os objetos táteis que existem nos infinitos mundos
Aparecem como incontáveis Parshavajras verdes que permeiam o espaço.
Essas lindas deusas a segurar vestimentas celestiais de toque supremamente macio,
Eu te ofereço, Avalokiteshvara, Buda da Compaixão.

Confissão

Com a firme convicção de que a natureza do Guru Avalokiteshvara, que está sentado acima da coroa de cada um dos falecidos, é a mesma que a de Buda Vajrasattva, confessamos em nome de todos os falecidos suas não-virtudes e ações negativas enquanto recitamos a seguinte estrofe e o mantra de cem letras.

Na presença dos grandes Compassivos, confessamos com uma mente de grande arrependimento
Todas as não-virtudes e ações negativas que desde tempos sem início,
Fizemos, ordenamos que fossem feitas ou com as quais nos regozijamos;
E prometemos que de agora em diante não vamos mais cometê-las.

OM VAJRA SATTÖ SAMAYA, MANU PALAYA, VAJRA SATTÖ TENO PATITA, DRIDHO ME BHAWA, SUTO KAYO ME BHAWA, SUPO KAYO ME BHAWA, ANURAKTO ME BHAWA, SARWA SIDDHI ME PRAYATZA, SARWA KARMA SUTZA ME, TZITAM SHRIYAM KURU HUM, HA HA HA HA HO BHAGAWÄN, SARWA TATHAGATA, VAJRA MA ME MUNTSA, VAJRA BHAWA, MAHA SAMAYA SATTÖ AH HUM PHAT (21x)

Regozijo

Como eu, todos os Budas já vagaram pelos caminhos dolorosos do samsara;
Mas, por meio de grande esforço, ingressaram no caminho do Bodhisattva
E avançando por todas as suas etapas, alcançaram a completa iluminação.
Do fundo do meu coração, regozijo-me com suas aquisições virtuosas; que eu venha a ser como eles.

Rogar aos seres sagrados que permaneçam

Sem Guias Espirituais, que são manifestações do Buda da Compaixão,
A conduzir os seres sencientes pelo caminho à libertação, este mundo mergulharia na escuridão espiritual.
Ó sagrados seres iluminados, eu vos peço do fundo do meu coração,
Por favor, permanecei conosco por incontáveis éons para iluminar o caminho espiritual.

Pedir que a Roda do Dharma seja girada

Atendendo ao pedido de Brahma e Indra para que girasse a Roda do Dharma,
Buda ensinou muitos métodos para curar as doenças das delusões,

Os quais conduziram incontáveis seres à libertação
do sofrimento;
Portanto, eu peço aos seres sagrados que ensinem
o Dharma precioso.

Dedicatória

Pelas virtudes que acumulei ao fazer prostrações, oferendas e
assim por diante,
Que o santo Dharma floresça, e que todos os seres vivos
realizem as etapas do caminho.
Em particular, que todos os que morreram atinjam a Terra Pura
de um Buda
E conquistem a meta última – o estado da plena iluminação.

Oferenda do mandala

O chão espargido com perfume e salpicado de flores,
A Grande Montanha, quatro regiões, sol e lua,
Percebidos como Terra de Buda e assim oferecidos.
Que todos os seres desfrutem dessas Terras Puras.

Ofereço, sem nenhum sentimento de perda,
Os objetos que despertam apego, ódio e confusão,
Amigos, inimigos e estranhos, nossos corpos e prazeres.
Peço, aceita e abençoa-me, livrando-me diretamente dos três
venenos.

IDAM GURU RATNA MANDALAKAM NIRYATAYAMI

Pedir os cinco grandes significados

Ó Arya Avalokiteshvara, Tesouro de Compaixão,
E todo o teu séquito, por favor, ouve-me.

Por favor, liberta rapidamente a mim e a todas as minhas mães e pais,
As seis classes de seres vivos, do oceano do samsara.

Por favor, gera rapidamente em nosso continuum mental
O vasto e profundo Dharma da insuperável bodhichitta.

Com teu compassivo néctar, por favor, purifica velozmente
O carma e a delusão que acumulamos desde tempos sem início.

E com tuas mãos compassivas, por favor, conduze-nos velozmente
Eu e todos os seres vivos à Terra Pura de Êxtase.

Ó Amitabha e Avalokiteshvara,
Em todas as nossas vidas, peço, sede nosso Guia Espiritual,
E revelando perfeitamente o caminho inequívoco,
Por favor, conduzi-nos velozmente ao estado da Budeidade.

Como resultado desses pedidos unifocalizados,
Raios de luz irradiam-se do corpo de Arya Avalokiteshvara
E purificam aparências cármicas impuras e percepções equivocadas.
O ambiente se transforma na Terra Pura de Êxtase,
E o corpo, fala e mente de todos os habitantes
Transformam-se no corpo, fala e mente de Avalokiteshvara.
Tudo o que conhecemos por ter visto, ouvido e pensado torna-se inseparável da vacuidade.

A TRANSFERÊNCIA DE CONSCIÊNCIA PROPRIAMENTE DITA

A consciência de cada ser que morreu aparece
Sob a forma de uma letra HRIH em seus corações.
O corpo e a mente de cada falecido
Recebem as bênçãos poderosas do Buda da Compaixão;
Assim, seus corpos se desfazem em luz e diminuem a partir de baixo e de cima,
Até que, por fim, se dissolvem na letra HRIH em seus corações.
A letra HRIH, que é a consciência deles, se dissolve em Avalokiteshvara,

Que, por sua vez, se dissolve em Buda Amitabha, que está
em sua coroa.
Buda Amitabha retorna à sua Terra Pura de Sukhavati,
a Terra de Êxtase.
Todos os que morreram nascem na Terra Pura de Sukhavati
E alcançam a libertação permanente dos renascimentos
contaminados, o samsara.

Meditamos, sem distrações, em nossa crença de que todos os falecidos renasceram na Terra Pura de Sukhavati e alcançaram a libertação permanente dos renascimentos contaminados, o samsara.

CRIAR AUSPICIOSIDADE ESPECIAL

Recitamos as seguintes palavras, concentrando-nos no seu significado:

Os renascimentos contaminados daqueles que morreram
Cessaram completamente no fogo da sabedoria da vacuidade.

Se estivermos praticando em grupo, enquanto todos cantam o mantra, o Professor acende a vela e queima a bandeira de papel na chama. Se estivermos praticando individualmente, nos mesmos fazemos isto.

OM MANI PEME HUM (21x)

Os três reconhecimentos

Todas as formas físicas, minhas e dos outros, são manifestações
do corpo de Arya Avalokiteshvara,
Todos os sons são manifestações do mantra de seis letras,
E toda atividade mental surge a partir da grande excelsa
sabedoria.

A letra HRIH

Dedicatória

Pela força da nossa grande coleção de virtudes,
Por fazer prostrações, oferendas e praticarmos o powa,
Que todos os que morreram nasçam na Terra Pura de Sukhavati
E rapidamente alcancem o estado da Budeidade.

Que a preciosa, suprema bodhichitta
Cresça onde ainda não tenha crescido.
Onde tenha crescido, possa ela não decrescer,
Mas florescer para sempre.

Preces pela Tradição Virtuosa

Para que a tradição de Je Tsongkhapa,
O Rei do Dharma, floresça,
Que todos os obstáculos sejam pacificados
E todas as condições favoráveis sejam abundantes.

Pelas duas coleções, minhas e dos outros,
Reunidas ao longo dos três tempos,
Que a doutrina do Conquistador Losang Dragpa
Floresça para sempre.

Prece *Migtsema* de nove versos

Tsongkhapa, ornamento-coroa dos eruditos da Terra das Neves,
Tu és Buda Shakyamuni e Vajradhara, a fonte de todas as conquistas,
Avalokiteshvara, o tesouro de inconcebível compaixão,
Manjushri, a suprema sabedoria imaculada,
E Vajrapani, o destruidor das hostes de maras.
Ó Venerável Guru Buda, síntese das Três Joias,
Com meu corpo, fala e mente, respeitosamente faço pedidos.
Peço, concede tuas bênçãos para amadurecer e libertar a mim e aos outros,
E confere-nos as aquisições comuns e a suprema. (3x)

TRANSFERÊNCIA DE CONSCIÊNCIA COMO TREINO PESSOAL

Nessa prática não é preciso preparar uma bandeira para ser queimada. Recitamos todas as preces da sadhana anterior, concentrando-nos no seu significado, desde Buscar refúgio *até o final de* Pedir os cinco grandes significados. *A seguir, contemplamos e meditamos do seguinte modo:*

Minha consciência aparece sob a forma de uma letra HRIH em meu coração.
Meu corpo e mente recebem as bênçãos poderosas do Buda da Compaixão;
Assim, meu corpo se desfaz em luz e diminui a partir de baixo e de cima,
Até que, por fim, se dissolve na letra HRIH em meu coração.
A letra HRIH, que é a minha consciência, se dissolve em Avalokiteshvara,
Que, por sua vez, se dissolve em Buda Amitabha que está em sua coroa.
Buda Amitabha retorna à sua Terra Pura de Sukhavati, a Terra de Êxtase.
Eu nasço na Terra Pura de Sukhavati
E alcanço a libertação permanente dos renascimentos contaminados, o samsara.

Meditamos, sem distrações, nessa crença de que renascemos na Terra Pura de Sukhavati e que alcançamos a libertação definitiva dos renascimentos contaminados, o samsara.

Quando treinamos o powa como treino pessoal, não precisamos recitar a prece Criar auspiciosidade especial. *Simplesmente fazemos a recitação do mantra e concluímos com* Os três reconhecimentos *e as demais preces da sadhana.*

Colófon: Esta sadhana, ou prece ritual para obter aquisições espirituais, foi compilada por Venerável Geshe Kelsang Gyatso Rinpoche a partir de fontes tradicionais.

Caminho de Compaixão para quem Morreu

SADHANA DE POWA PARA O BENEFÍCIO DE QUEM MORREU

Introdução

A preparação desse ritual começa com a arrumação das oferendas e de outros itens necessários. A quantidade de oferendas depende das doações feitas pelos familiares do falecido. Usar o dinheiro de uma pessoa que morreu é um método poderoso para aumentar seu mérito e fazer com que ela estabeleça uma conexão especial com os seres sagrados.

Sobre uma folha de papel desenhamos um lótus. No centro da flor, escrevemos a inicial do primeiro nome do falecido com tinta vermelha e, logo acima, desenhamos um dossel. Colamos o papel numa vareta, como se fosse uma bandeira, e a colocamos num recipiente adequado, como um pequeno jarro. À sua frente, dispomos uma foto ou um desenho do falecido para simbolizar sua presença.

Sobre um pires, dispomos uma colher de sopa de gergelim preto no formato de um escorpião e preparamos um fogo em um pequeno recipiente, de preferência com carvão. A bandeira com o nome, as sementes de gergelim e o fogo devem ser colocados numa mesa diante do nosso assento. Por fim, dispomos uma pequena vela num pires na frente da foto do falecido.

Agora, com uma mente de forte compaixão por todos os seres sencientes e, em particular, pela pessoa que morreu, iniciamos a sadhana.

Geshe Kelsang Gyatso
1999

Caminho de Compaixão para quem Morreu

AUTOGERAÇÃO

Buscar refúgio e gerar a bodhichitta

Eu e todos os seres sencientes, até alcançarmos a iluminação,
Nos refugiamos em Buda, Dharma e Sangha.
Pelas virtudes que coleto, praticando o dar e as outras perfeições,
Que eu me torne um Buda para o benefício de todos. (3x)

Gerar as quatro incomensuráveis

Que cada um seja feliz,
Que cada um liberte-se da dor,
Que ninguém jamais seja separado de sua felicidade,
Que todos tenham equanimidade, livres do ódio e do apego.

Autogeração como Avalokiteshvara

OM SÖBHAWA SHUDDHA SARWA DHARMA SÖBHAWA SHUDDHO HAM
Tudo se torna vacuidade.

Do estado de vacuidade, minha mente surge como uma letra HRIH branca em pé sobre um lótus branco e um mandala de lua. Deles, raios de luz irradiam-se e realizam os dois propósitos. Retraindo-se, eles se transformam completamente, e eu surjo como Arya Avalokiteshvara, com um corpo de cor branca, uma face e quatro mãos.

Minhas duas primeiras mãos estão juntas na altura do coração e seguram uma joia; a mão direita inferior segura um rosário de cristal, e a esquerda, uma flor de lótus branca. Brilhando com os sinais e indicações, estou adornado com sedas e joias preciosas e sento-me em postura-vajra.

Na minha coroa há um OM, na garganta um AH, e no coração um HUM marcado com um HRIH. Deles, raios de luz irradiam-se e convidam os seres de sabedoria da Terra Pura de Potala, juntamente com as deidades iniciáticas.

DZA HUM BAM HO
Nos tornamos não-duais.

As deidades iniciáticas concedem a iniciação e minha coroa é adornada com Amitabha.

Oferendas à Deidade autogerada

OM ARYA LOKESHÖRA AHRGHAM PARTITZA HUM SÖHA
OM ARYA LOKESHÖRA PADÄM PARTITZA HUM SÖHA
OM ARYA LOKESHÖRA PUPE PARTITZA HUM SÖHA
OM ARYA LOKESHÖRA DHUPE PARTITZA HUM SÖHA
OM ARYA LOKESHÖRA ALOKE PARTITZA HUM SÖHA
OM ARYA LOKESHÖRA GÄNDHE PARTITZA HUM SÖHA
OM ARYA LOKESHÖRA NEWIDE PARTITZA HUM SÖHA
OM ARYA LOKESHÖRA SHAPTA PARTITZA HUM SÖHA

Louvor

Tu, cujo corpo branco é imaculado, livre de falhas,
Cuja coroa é adornada com um Buda plenamente iluminado,
Que fitas os migrantes com olhos de compaixão,
A ti, Arya Avalokiteshvara, eu me prostro.

Recitação do mantra

Raios de luz irradiam-se da letra HRIH em meu coração

E purificam todas as aparências cármicas dos seres vivos.
O ambiente se transforma na Terra Pura de Êxtase,
E o corpo, fala e mente de todos os habitantes
Transformam-se no corpo, fala e mente de Avalokiteshvara.
Tudo o que conhecemos por ter visto, ouvido e pensado
torna-se inseparável da vacuidade.

OM MANI PEME HUM

Recite quantas vezes desejar.

Dedicatória

Por essa virtude, possa eu rapidamente
Tornar-me Arya Avalokiteshvara.
E, então, conduzir cada ser vivo,
Sem exceção, a esse solo.

A PRÁTICA PROPRIAMENTE DITA

GERAR O FALECIDO COMO UMA PESSOA VIVA

Eu sou o Buda da Compaixão. Raios de luz irradiam-se da letra HRIH em meu coração e chegam até a forma simbólica do falecido, que se desfaz em luz e se torna vazia.

Do estado de vacuidade, [nome do falecido] aparece como se estivesse vivo. A natureza do seu corpo é luz e suas mãos estão postas num gesto de prece.

De novo, raios de luz irradiam-se do meu coração para os três reinos, trazendo de volta a consciência de . . . , que se dissolve no coração da pessoa gerada em frente.

PURIFICAR O CARMA NEGATIVO DO FALECIDO

Raios de luz irradiam-se da letra HRIH em meu coração e chegam até o coração da pessoa gerada em frente. Todas as suas marcas de carma negativo, acumuladas durante incontáveis vidas, saem pelas suas narinas sob a forma de incontáveis minúsculos escorpiões, que se dissolvem no escorpião de gergelim.

O fogo em frente torna-se vazio.

Do estado de vacuidade, aparece um fogo de sabedoria sob o aspecto da Deidade iluminada Vajradaka, com a boca escancarada.

OM VAJRA DAKA KHA KHA KHAHI KHAHI SARWA PAPAM DAHANA BHAKMI KURU SÖHA

Enquanto recitamos o mantra, jogamos no fogo as sementes de gergelim – a natureza do carma negativo do falecido – e imaginamos que Vajradaka as consome. A cada recitação de mantra, jogamos um punhado de sementes no fogo, pegando-as com o polegar e o anular da mão direita. A cada sete recitações, fazemos com sinceridade a seguinte prece:

Que . . . seja purificado de todas as negatividades,
Que seus obstáculos externos e internos sejam apaziguados,
Que ele/ela alcance a Terra Pura de um Buda
E finalmente chegue aos solos puros de Buda.

Prosseguimos até que todas as sementes de gergelim tenham sido queimadas.

TRANSFERIR A CONSCIÊNCIA DA PESSOA QUE MORREU PARA UMA TERRA PURA

Visualização

O corpo de luz de . . . é translúcido como um arco-íris.
Sobre sua coroa está Guru Avalokiteshvara, a síntese de todos os Budas.
No coração de Avalokiteshvara, o Dharmakaya de todos os Budas
Aparece como uma joia oval de luz branca, do tamanho de um polegar.

No centro do corpo de . . . , está o seu canal central,
Vermelho e translúcido, oco e da espessura de uma flecha.
Começando quatro dedos abaixo do seu umbigo, ele se alarga conforme ascende
Para se juntar à porta inferior de Avalokiteshvara, o qual está em sua coroa.

No coração de . . . , dentro do seu canal central, está sua mente,
Uma gota branco-avermelhada cintilante, do tamanho de uma ervilha.
Que . . . obtenha a libertação do samsara,
Alcançando a Terra Pura de um Buda.

As três percepções

A mente de . . . , a gota, é um viajante rumo à Terra Pura;
Seu canal central é a estrada;
O Dharmakaya de todos os Budas no coração de Avalokiteshvara é a sua destinação.

Concentrando-nos em Avalokiteshvara na coroa do falecido, fazemos os seguintes pedidos e oferendas:

Prece dos sete membros

Com meu corpo, fala e mente, humildemente me prostro
E faço oferendas, efetivas e imaginadas.
Confesso meus erros em todos os tempos
E regozijo-me nas virtudes de todos.
Peço, permanece até o cessar do samsara
E gira a Roda do Dharma para nós.
Dedico todas as virtudes à grande iluminação.

Oferenda do mandala curto

O chão espargido com perfume e salpicado de flores,
A Grande Montanha, quatro regiões, sol e lua,
Percebidos como Terra de Buda e assim oferecidos.
Que todos os seres desfrutem dessas Terras Puras.

Ofereço, sem nenhum sentimento de perda,
Os objetos que despertam apego, ódio e confusão,
Amigos, inimigos e estranhos, nossos corpos e prazeres.
Peço, aceita e abençoa-me, livrando-me diretamente dos três venenos.

IDAM GURU RATNA MANDALAKAM NIRYATAYAMI

Pedidos

Ó Guru Avalokiteshvara, síntese de todos os Budas das dez direções,
Peço que afastes todos os obstáculos internos e externos de . . .
Por favor, abençoa essa pessoa para completar o caminho profundo da transferência
E conduze-a à suprema Terra Pura de Buda. (3x)

A meditação propriamente dita

Devido aos meus pedidos unifocalizados, da joia oval de luz branca – o Dharmakaya de todos os Budas no coração de Avalokiteshvara – um gancho de luz branca desce pelo canal central de . . . e chega até a mente-gota que está em seu coração. Conforme o gancho de luz fisga a gota, o vento de esvaziamento descendente de . . . é puxado para cima.

HIC
A mente-gota ascende do coração até o centro do chakra da garganta.

HIC
A mente-gota ascende até o centro do chakra da coroa.

HIC
A mente-gota ingressa instantaneamente na porta inferior de Avalokiteshvara e, ao chegar em seu coração, dissolve-se inseparavelmente no Dharmakaya de todos os Budas.

. . . agora renasceu na Terra Pura de Buda.

Meditar sobre essa convicção, sem distrações, pelo maior tempo possível.

CONCLUSÃO

Depois de transferir a consciência do falecido para a Terra de Buda, o corpo imaginado à nossa frente se dissolve na bandeira com o nome.

Acendemos a vela.

A natureza da vela é a vacuidade.

Do estado de vacuidade, aparece um fogo de sabedoria de cinco cores, a natureza das cinco famílias de Buda.

Queimamos a bandeira com o nome na chama da vela recitando o mantra de Avalokiteshvara:

OM MANI PEME HUM

Conforme o fogo de sabedoria queima, o corpo de . . . é purificado
E ele/ela alcança um Corpo-Forma de Buda.

Dedicatória

Do fundo do coração dedicamos toda a nossa coleção de virtudes para o bem-estar da pessoa que morreu, concentrando-nos no significado da seguinte prece:

Por meio da minha grande coleção de virtude,
Que . . . possa realizar todas as etapas do caminho,
Alcançar a Terra Pura de um Buda
E finalmente chegar aos solos de Buda. (3x)

Preces pela Tradição Virtuosa

Para que a tradição de Je Tsongkhapa,
O Rei do Dharma, floresça,
Que todos os obstáculos sejam pacificados
E todas as condições favoráveis sejam abundantes.

Pelas duas coleções, minhas e dos outros,
Reunidas ao longo dos três tempos,
Que a doutrina do Conquistador Losang Dragpa
Floresça para sempre.

Prece *Migtsema* de nove versos

Tsongkhapa, ornamento-coroa dos eruditos da Terra das Neves,
Tu és Buda Shakyamuni e Vajradhara, a fonte de todas as conquistas,
Avalokiteshvara, o tesouro de inconcebível compaixão,
Manjushri, a suprema sabedoria imaculada,
E Vajrapani, o destruidor das hostes de maras.
Ó Venerável Guru Buda, síntese das Três Joias,
Com meu corpo, fala e mente, respeitosamente faço pedidos.
Peço, concede tuas bênçãos para amadurecer e libertar a mim e aos outros,
E confere-nos as aquisições comuns e a suprema. (3x)

Colófon: Esta sadhana, ou prece ritual para obter aquisições espirituais, foi compilada por Venerável Geshe Kelsang Gyatso Rinpoche a partir de fontes tradicionais.

Caminho de Compaixão para quem está Morrendo

SADHANA DE POWA PARA O BENEFÍCIO DE QUEM ESTÁ MORRENDO

Introdução

Quando soubermos que uma pessoa está próxima da morte, poderemos praticar o powa em seu benefício.

Primeiro, geramos compaixão contemplando seu sofrimento e o fato de que ela não tem escolha sobre seu próximo renascimento. Imediatamente após a morte, ela experienciará os medos e os sofrimentos do bardo. Se renascer como um ser humano, terá que experienciar todos os diferentes sofrimentos de um ser humano, se renascer como animal, terá que experienciar os sofrimentos de um animal e assim por diante. Contemplando seu sofrimento, do fundo do nosso coração, rezamos:

> *Que maravilhoso seria se essa pessoa ficasse livre do renascimento samsárico. Vou fazer isso acontecer.*

Com essa mente de compaixão, iniciamos a sadhana de powa intitulada *Caminho de Compaixão para quem está Morrendo*, contemplando profundamente seu significado.

Geralmente, quando alguém está próximo da morte é muito importante não tocar em nenhuma parte do seu corpo que não seja a coroa da cabeça. Se tocarmos sua coroa, esta porta se abrirá, permitindo que a consciência deixe o corpo por este chakra, o que resultará num renascimento superior. Se a consciência sair por uma das portas inferiores do corpo, a pessoa renascerá num dos reinos inferiores. É muito importante compreender esse ponto.

Além disso, enquanto a pessoa estiver morrendo e ainda for capaz de ouvir e compreender o que lhe dizemos, é importante tentar manter sua mente calma, encorajá-la e impedir que se sinta contrariada ou infeliz. Desse modo, ela morrerá em paz, sem nenhuma perturbação.

Se ela for um praticante espiritual, poderemos lembrá-la da sua prática diária ou, ao menos, recitar suas preces e mantras diários. Também poderemos ajudá-a a se lembrar do seu Guia Espiritual.

Geshe Kelsang Gyatso
1999

Caminho de Compaixão para quem está Morrendo

AUTOGERAÇÃO

Praticamos a autogeração de Avalokiteshvara, desde buscar refúgio até a recitação do mantra e a dedicatória, seguindo o Caminho de Compaixão para quem Morreu.

A PRÁTICA PROPRIAMENTE DITA

GERAÇÃO EM FRENTE

Eu sou o Buda da Compaixão. Raios de luz irradiam-se da letra HRIH em meu coração e chegam até a pessoa que está morrendo; ela se desfaz em luz e se torna vazia.

Do estado de vacuidade, [nome da pessoa que está morrendo] aparece à minha frente. Seu corpo é feito de luz, e suas mãos estão postas num gesto de prece.

TRANSFERIR A CONSCIÊNCIA DA PESSOA QUE ESTÁ MORRENDO PARA A TERRA PURA

Visualização

O corpo de luz de . . . é translúcido como um arco-íris.
Sobre sua coroa está Guru Avalokiteshvara, a síntese de todos os Budas.
No coração de Avalokiteshvara, o Dharmakaya de todos os Budas
Aparece como uma joia oval de luz branca, do tamanho de um polegar.

No centro do corpo de . . . , está o seu canal central,
Vermelho e translúcido, oco e da espessura de uma flecha.
Começando quatro dedos abaixo do seu umbigo, ele se alarga conforme ascende
Para se juntar à porta inferior de Avalokiteshvara, o qual está na coroa de . . .

No coração de . . . , dentro do seu canal central, está sua mente,
Uma gota branco-avermelhada cintilante, do tamanho de uma ervilha.
Que . . . obtenha a libertação do samsara,
Alcançando a Terra Pura de um Buda.

As três percepções

A mente de . . . , a gota, é um viajante à Terra Pura;
Seu canal central é a estrada;
O Dharmakaya de todos os Budas no coração de Avalokiteshvara é a sua destinação.

Concentrando-nos em Avalokiteshvara na coroa da pessoa que está morrendo, fazemos os seguintes pedidos e oferendas.

Prece dos sete membros

Com meu corpo, fala e mente, humildemente me prostro
E faço oferendas, efetivas e imaginadas.
Confesso meus erros em todos os tempos
E regozijo-me nas virtudes de todos.
Peço, permanece até o cessar do samsara
E gira a Roda do Dharma para nós.
Dedico todas as virtudes à grande iluminação.

Oferenda do mandala curto

O chão espargido com perfume e salpicado de flores,
A Grande Montanha, quatro regiões, sol e lua,

Percebidos como Terra de Buda e assim oferecidos.
Que todos os seres desfrutem dessas Terras Puras.

Ofereço, sem nenhum sentimento de perda,
Os objetos que despertam apego, ódio e confusão,
Amigos, inimigos e estranhos, nossos corpos e prazeres.
Peço, aceita e abençoa-me, livrando-me diretamente dos três venenos.

IDAM GURU RATNA MANDALAKAM NIRYATAYAMI

Pedidos

Ó Guru Avalokiteshvara, síntese de todos os Budas das dez direções,
Peço que afastes todos os obstáculos internos e externos de . . .
Por favor, abençoa essa pessoa para completar o caminho profundo da transferência
E conduze-a à suprema Terra Pura de Buda. (3x)

A meditação propriamente dita

Devido aos meus pedidos unifocalizados, da joia oval de luz branca – o Dharmakaya de todos os Budas no coração de Avalokiteshvara – um gancho de luz branca desce pelo canal central de . . . e chega até a mente-gota que está em seu coração. Conforme o gancho de luz fisga a gota, o vento de esvaziamento descendente de . . . é puxado para cima.

HIC
A mente-gota ascende do coração até o centro do chakra da garganta.

HIC
A mente-gota ascende até o centro do chakra da coroa.

HIC
A mente-gota ingressa instantaneamente na porta inferior de Avalokiteshvara e, ao chegar em seu coração, dissolve-se inseparavelmente no Dharmakaya de todos os Budas.

. . . agora renasceu na Terra Pura de Buda.

Meditamos sobre essa convicção, sem distrações, pelo maior tempo possível.

Do fundo do nosso coração dedicamos toda a nossa coleção de virtudes para o bem-estar da pessoa que está morrendo, concentrando-nos no significado da seguinte prece.

Dedicatória

Por meio da minha grande coleção de virtude,
Que . . . possa realizar todas as etapas do caminho,
Alcançar a Terra Pura de um Buda
E finalmente chegar aos solos de Buda. (3x)

Preces pela Tradição Virtuosa

Para que a tradição de Je Tsongkhapa,
O Rei do Dharma, floresça,
Que todos os obstáculos sejam pacificados
E todas as condições favoráveis sejam abundantes.

Pelas duas coleções, minhas e dos outros,
Reunidas ao longo dos três tempos,
Que a doutrina do Conquistador Losang Dragpa
Floresça para sempre.

Prece *Migtsema* de nove versos

Tsongkhapa, ornamento-coroa dos eruditos da Terra das Neves,
Tu és Buda Shakyamuni e Vajradhara, a fonte de todas as conquistas,
Avalokiteshvara, o tesouro de inconcebível compaixão,
Manjushri, a suprema sabedoria imaculada,
E Vajrapani, o destruidor das hostes de maras.
Ó Venerável Guru Buda, síntese das Três Joias,
Com meu corpo, fala e mente, respeitosamente faço pedidos.
Peço, concede tuas bênçãos para amadurecer e libertar a mim e aos outros,
E confere-nos as aquisições comuns e a suprema. (3x)

Colófon: Esta sadhana, ou prece ritual para obter aquisições espirituais, foi compilada por Venerável Geshe Kelsang Gyatso Rinpoche a partir de fontes tradicionais.

Preces Sinceras

RITO FUNERAL PARA CREMAÇÕES E ENTERROS

Introdução

Se formos solicitados a realizar um rito funeral para alguém que morreu recentemente, podemos utilizar a sadhana *Preces Sinceras*. Neste funeral, os praticantes espirituais se reúnem para fazer preces sinceras e dedicatórias para que a pessoa que morreu tenha um renascimento afortunado. Por se tratar de uma cerimônia budista, as orações são dirigidas à assembleia de Budas e demais seres sagrados. As preces contidas neste ritual constituem apenas a base para um funeral e podem ser adaptadas conforme as circunstâncias.

O poder das nossas preces depende da força e da pureza da nossa intenção. Nessa cerimônia, é muito importante que cada um tenha uma mente de compaixão por todos os seres, em geral, e pela pessoa que morreu, em particular. Se tivermos uma motivação genuinamente compassiva, nossas preces com certeza serão efetivas.

Geshe Kelsang Gyatso
1999

Preces Sinceras

Preces preliminares

No espaço à minha frente está Buda Shakyamuni vivo, rodeado por todos os Budas e Bodhisattvas, como a lua cheia rodeada pelas estrelas.

Eu e todos os seres sencientes, até alcançarmos a iluminação,
Nos refugiamos em Buda, Dharma e Sangha. (3x)

Pelas virtudes que coleto, praticando o dar e as outras perfeições,
Que eu me torne um Buda para o benefício de todos. (3x)

Que cada um seja feliz
Que cada um se liberte da dor,
Que ninguém jamais seja separado de sua felicidade
Que todos tenham equanimidade, livre do ódio e do apego.

Preces das etapas do caminho

O caminho começa com firme confiança
No meu bondoso mestre, fonte de todo bem;
Ó, abençoa-me com essa compreensão
Para segui-lo com grande devoção.

Esta vida humana, com todas as suas liberdades,
Extremamente rara, com tanta significação;
Ó, abençoa-me com essa compreensão
Dia e noite para captar a sua essência.

Meu corpo, qual bolha-d'água,
Decai e morre tão rapidamente;
Após a morte vêm os resultados do carma,
Qual sombra de um corpo.

Com esse firme conhecimento e lembrança,
Abençoa-me, para ser extremamente cauteloso,
Evitando sempre ações nocivas
E reunindo abundante virtude.

Os prazeres do samsara são enganosos,
Não trazem contentamento, apenas tormentos;
Abençoa-me para ter o esforço sincero
Para obter o êxtase da liberdade perfeita.

Ó, abençoa-me para que desse pensamento puro
Resulte contínua-lembrança e imensa cautela,
A fim de manter como minha prática essencial
A raiz da doutrina, o Pratimoksha.

Assim como eu, todas as minhas bondosas mães
Estão se afogando no oceano do samsara;
Para que logo eu possa libertá-las,
Abençoa-me para treinar a bodhichitta.

Mas não posso tornar-me um Buda
Apenas com isso, sem as três éticas;
Assim, abençoa-me com a força de praticar
Os votos do Bodhisattva.

Por pacificar minhas distrações
E analisar perfeitos sentidos,
Abençoa-me para logo alcançar a união
Da visão superior com o tranquilo-permanecer.

Quando me tornar um puro recipiente
Pelos caminhos comuns, abençoa-me para ingressar

Na essência da prática da boa fortuna,
O supremo veículo, Vajrayana.

As duas conquistas dependem, ambas,
De meus sagrados votos e compromissos;
Abençoa-me para entender isso claramente
E conservá-los à custa da minha vida.

Por sempre praticar em quatro sessões
A via explicada pelos santos mestres,
Ó, abençoa-me para obter ambos os estágios
Que são a essência dos Tantras.

Que os que me guiam no bom caminho
E meus companheiros tenham longas vidas;
Abençoa-me para pacificar inteiramente
Todos os obstáculos internos e externos.

Que eu sempre encontre perfeitos mestres
E deleite-me no sagrado Dharma,
Conquiste todos os solos e caminhos velozmente
E obtenha o estado de Vajradhara.

Do coração de todos os seres sagrados, fluem correntes de luz e néctar, abençoando e purificando a mente de [diga o nome da pessoa que morreu].

Observar alguns momentos de silêncio.

Palavras para lembrar a pessoa que morreu

Proferir algumas palavras sobre a pessoa que morreu.

O responsável pelo funeral conduz a seguinte prece:

Buda ensinou que a vida é impermanente, e que todos os que nascem finalmente vão ter que deixar esta vida. No entanto, cada um leva dentro de si as sementes de suas virtudes passadas, que têm o poder de proporcionar um renascimento afortunado no futuro.

Rezamos para que, pelo poder dessas virtudes, das bênçãos dos seres sagrados e da força das nossas preces sinceras, nosso querido amigo, [nome dele ou dela], tenha boa fortuna e encontre paz e felicidade duradouras.

Também rezamos para que seus familiares e amigos afligidos por tanta dor, sejam confortados na sua perda e encontrem paz mental e força interior.

Que todos os seres sem exceção possam ser libertados do sofrimento e encontrem verdadeira felicidade e paz duradoura.

Preces adicionais podem ser acrescentadas neste ponto.

Todos observam alguns momentos de silêncio contemplando e orando.

Agora, enquanto nos concentramos na compaixão por todos os seres vivos e, em particular, pela pessoa que morreu, cantamos o mantra do Buda da Compaixão vinte e uma vezes:

OM MANI PEME HUM

Preces dedicatórias

O responsável pelo funeral diz:

Agora dedicamos todas as virtudes por nós coletadas para a felicidade futura de . . .

Todos recitam as seguintes preces:

Pelas virtudes que coletei
Praticando as etapas do caminho,
Que . . . tenha a oportunidade
De praticar da mesma forma.

Que . . . experiencie
A felicidade de humanos e deuses
E rapidamente alcance a iluminação,
Para que o samsara seja finalmente extinto.

Que surja na mente de . . .,
Grande fé em Buda, Dharma e Sangha,
E que assim . . . sempre receba
As bênçãos das Três Joias Preciosas.

Que . . . encontre preciosos mestres,
Que revelam as etapas do caminho à iluminação,
E, por praticar esse caminho,
Alcance rapidamente a paz derradeira da plena iluminação.

O Budadharma é o remédio supremo
Que alivia a dor mental.
Assim, possa essa preciosa Joia Dharma
Permear os mundos por todo o espaço.

Por mais que existam seres vivos
Sofrendo física e mentalmente,
Que seus sofrimentos cessem pelo poder do meu mérito,
E que todos encontrem eterna felicidade e alegria.

Que jamais surjam neste mundo
A miséria da doença incurável, fome ou guerra,
Ou o perigo de terremotos, incêndios,
Enchentes, tempestades e assim por diante.

Pelas bênçãos dos Budas e Bodhisattvas,
Pela verdade das ações e seus efeitos
E pelo poder da nossa pura intenção superior,
Que todas as nossas preces sejam satisfeitas.

Preces pela Tradição Virtuosa

Para que a tradição de Je Tsongkhapa,
O Rei do Dharma, floresça,
Que todos os obstáculos sejam pacificados
E todas as condições favoráveis sejam abundantes.

Pelas duas coleções, minhas e dos outros,
Reunidas ao longo dos três tempos,
Que a doutrina do Conquistador Losang Dragpa
Floresça para sempre.

Prece *Migtsema* de nove versos

Tsongkhapa, ornamento-coroa dos eruditos da Terra das Neves,
Tu és Buda Shakyamuni e Vajradhara, a fonte de todas as conquistas,
Avalokiteshvara, o tesouro de inconcebível compaixão,
Manjushri, a suprema sabedoria imaculada,
E Vajrapani, o destruidor das hostes de maras.
Ó Venerável Guru Buda, síntese das Três Joias,
Com meu corpo, fala e mente, respeitosamente faço pedidos.
Peço, concede tuas bênçãos para amadurecer e libertar a mim e aos outros,
E confere-nos as aquisições comuns e a suprema. (3x)

Colófon: Esta sadhana, ou prece ritual para obter aquisições espirituais, foi compilada por Venerável Geshe Kelsang Gyatso Rinpoche a partir de fontes tradicionais.

Sutra Mahayana de Confissão

SUTRA DOS TRÊS MONTES SUPERIORES

Introdução

Sob a influência de mentes deludidas criamos, em nossas vidas anteriores, grande quantidade de carma negativo; também transgredimos nossos compromissos e incorremos em quedas raízes e secundárias. Como resultado, experienciamos agora dificuldades em desenvolver fé e convicção no Dharma e em fazer progressos nas etapas do caminho à iluminação. Além disso, se não purificarmos toda essa negatividade enquanto temos chance, teremos de experienciar grande sofrimento no futuro.

Qualquer ser vivo, até mesmo um verme ou um inseto, pode cometer ações negativas; mas somente os seres humanos têm a fortuna de serem capazes de purificá-las. Temos acumulado ações não virtuosas e experienciado seus resultados de sofrimento desde tempos sem início; mas agora, temos a oportunidade de purificá-las. Devemos fazer uso desta preciosa oportunidade para purificar nosso carma negativo – não de criar mais! Já que purificação é a raiz de felicidade futura e de realizações espirituais, devemos nos empenhar para limpar nossa mente das delusões e do carma negativo. Um dos melhores métodos para purificar negatividades e quedas morais é o *Sutra Mahayana de Confissão*, também conhecido como *Sutra dos Três Montes Superiores* ou *A Confissão Bodhisattva das Quedas Morais.*

Geshe Kelsang Gyatso

1991

Sutra Mahayana de Confissão

Namo: *A Confissão Bodhisattva das Quedas Morais*

Eu, que me chamo . . . , sempre busco refúgio no Guru, busco refúgio em Buda, busco refúgio no Dharma, busco refúgio na Sangha.

Ao Mestre, o Abençoado, Tathagata, Destruidor de Inimigos, Buda Completamente Perfeito, Glorioso Conquistador Shakyamuni, eu me prostro.

Ao Tathagata Completo Subjugador com a Essência do Vajra, eu me prostro.

Ao Tathagata Joia de Luz Radiante, eu me prostro.

Ao Tathagata Poderoso Rei dos Nagas, eu me prostro.

Ao Tathagata Líder dos Heróis, eu me prostro.

Ao Tathagata Prazer Glorioso, eu me prostro.

Ao Tathagata Joia Fogo, eu me prostro.

Ao Tathagata Joia Luar, eu me prostro.

Ao Tathagata Contemplações Significativas, eu me prostro.

Ao Tathagata Joia Lua, eu me prostro.

Ao Tathagata O Imaculado, eu me prostro.

Ao Tathagata Doador de Glória, eu me prostro.

Ao Tathagata O Puro, eu me prostro.

Ao Tathagata que Transforma com Pureza, eu me prostro.

Ao Tathagata Deidade Água, eu me prostro.

Ao Tathagata Deus das Deidades Água, eu me prostro.

Ao Tathagata Excelência Gloriosa, eu me prostro.

Ao Tathagata Sândalo Glorioso, eu me prostro.

Ao Tathagata Esplendor Infinito, eu me prostro.

Ao Tathagata Luz Gloriosa, eu me prostro.

Ao Tathagata O Glorioso Sem Pesar, eu me prostro.

Ao Tathagata Filho Sem Ânsia, eu me prostro.

Ao Tathagata Flor Gloriosa, eu me prostro.

Ao Tathagata que Conhece Claramente através do Deleite da Radiância Pura, eu me prostro.

Ao Tathagata que Conhece Claramente através do Deleite da Radiância do Lótus, eu me prostro.

Ao Tathagata Riqueza Gloriosa, eu me prostro.

Ao Tathagata Contínua-Lembrança Gloriosa, eu me prostro.

Ao Tathagata Nome Glorioso de Grande Renome, eu me prostro.

Ao Tathagata Rei do Estandarte da Vitória, Líder dos Poderosos, eu me prostro.

Ao Tathagata O Glorioso Completo Subjugador, eu me prostro.

Ao Tathagata Grande Vencedor na Batalha, eu me prostro.

Ao Tathagata O Glorioso Completo Subjugador que Passou Além, eu me prostro.

Ao Tathagata Hoste Gloriosa que Tudo Ilumina, eu me prostro.

Ao Tathagata Joia Lótus Grande Subjugador, eu me prostro.

Ao Tathagata Destruidor de Inimigos, Buda Completamente Perfeito, Rei do Monte Meru, Sentado Firmemente numa Joia e num Lótus, eu me prostro.

Ó todos vós, [Tathagatas], e todos os outros, sejam quantos forem os Tathagatas, os Destruidores de Inimigos, os Budas Completamente Perfeitos, os Abençoados, que moram e permanecem em todos os reinos mundanos das dez direções, todos vós, Budas, os Abençoados, por favor, ouvi-me.

Nesta e em todas as minhas vidas, desde tempos sem início, em todos os lugares onde renasci desde que vago pelo samsara, eu cometi ações negativas, ordenei que fossem cometidas e regozijei-me em sua execução. Roubei os pertences das bases de oferenda, os pertences da Sangha e os pertences das Sanghas das dez direções, ordenei que fossem roubados e regozijei-me em seu roubo. Cometi as cinco ações hediondas ilimitadas, ordenei que fossem cometidas e regozijei-me em sua execução. Enveredei completamente pelos caminhos das dez ações não virtuosas, ordenei que os outros enveredassem por eles e regozijei-me quando o fizeram.

Obstruído por esses impedimentos cármicos, irei me tornar um ser-inferno ou nascerei como animal ou irei para as terras dos espíritos famintos ou nascerei como um bárbaro num país sem religião, ou nascerei como um deus de longa vida, ou terei faculdades incompletas, ou sustentarei visões errôneas ou não terei nenhuma oportunidade de agradar a um Buda.

Todas essas obstruções cármicas, eu as declaro na presença dos Budas, dos Abençoados, que se tornaram excelsa sabedoria, que se tornaram "olhos", que se tornaram testemunhas, que se tornaram válidos, que veem com sua sabedoria. Eu confesso, sem dissimular nem esconder nada, e de agora em diante vou evitar tais ações e abster-me delas.

Ó todos vós, Budas, os Abençoados, por favor, ouvi-me. Nesta e em todas as minhas vidas anteriores, desde tempos sem início, em todos os lugares onde renasci desde que vago pelo samsara, qualquer raiz de virtude que exista em meus atos de doar aos outros, até mesmo dar um pouco de comida para alguém nascido animal; qualquer raiz de virtude que exista em minha manutenção de disciplina moral; qualquer raiz de virtude que exista em minhas ações conducentes à grande libertação; qualquer raiz de virtude que exista em minha atuação para fazer amadurecer plenamente os seres sencientes; qualquer raiz de virtude que exista em eu gerar a mente suprema de iluminação; e qualquer raiz de virtude que exista em minha insuperável excelsa sabedoria - tudo isso reunido, agrupado e coletado, dedicando tudo plenamente ao insuperável, ao que não há nada que seja mais elevado, ao que é até mesmo mais elevado do que o elevado, e ao que supera o insuperável, eu dedico plenamente à insuperável, perfeita e completa iluminação.

Assim como os Budas, os Abençoados do passado dedicaram plenamente, assim como os Budas, os Abençoados ainda por vir irão dedicar plenamente e, assim como os Budas, os Abençoados que vivem hoje dedicam plenamente, também eu dedico plenamente.

Confesso todas e cada uma das ações negativas. Regozijo-me em todo o mérito. Rogo e peço a todos os Budas. Que eu alcance a sagrada, suprema, insuperável e excelsa sabedoria.

Quaisquer que sejam os Conquistadores, os seres supremos que vivem hoje, aqueles do passado, bem como aqueles que ainda estão por vir - com um oceano ilimitado de preces por todas as vossas boas qualidades e com as palmas das mãos unidas, de vós eu me aproximo para me refugiar.

Isto conclui o Sutra Mahayana intitulado *Sutra dos Três Montes Superiores.*

Preces pela Tradição Virtuosa

Para que a tradição de Je Tsongkhapa,
O Rei do Dharma, floresça,
Que todos os obstáculos sejam pacificados
E todas as condições favoráveis sejam abundantes.

Pelas duas coleções, minhas e dos outros,
Reunidas ao longo dos três tempos,
Que a doutrina do Conquistador Losang Dragpa
Floresça para sempre.

Prece *Migtsema* de nove versos

Tsongkhapa, ornamento-coroa dos eruditos da Terra das Neves,
Tu és Buda Shakyamuni e Vajradhara, a fonte de todas as conquistas,
Avalokiteshvara, o tesouro de inconcebível compaixão,
Manjushri, a suprema sabedoria imaculada,
E Vajrapani, o destruidor das hostes de maras.
Ó Venerável Guru Buda, síntese das Três Joias,
Com meu corpo, fala e mente, respeitosamente faço pedidos.
Peço, concede tuas bênçãos para amadurecer e libertar a mim e aos outros,
E confere-nos as aquisições comuns e a suprema. (3x)

Cólofon: Esta prática foi traduzida sob a orientação compassiva de Venerável Geshe Kelsang Gyatso Rinpoche.

Glossário

Amitabha O Buda da luz infinita. Manifestação do agregado discriminação de todos os Budas. Seu corpo é vermelho.

Amitayus O Buda que aumenta nosso tempo de vida, mérito e sabedoria. Ele é o aspecto Corpo-de-Deleite de Buda Amitabha.

Aparência comum e concepção comum Aparência comum é qualquer aparência devida a uma mente impura, e concepção comum é qualquer mente que concebe coisas como comuns. De acordo com o Mantra Secreto, aparências comuns são obstruções à onisciência, e concepções comuns são obstruções à libertação. Consultar *Mahamudra-Tantra* e *Grande Tesouro de Mérito*.

Asanga Grande iogue e erudito indiano do século V, autor de *Compêndio de Abidharma*.

Autoapreço Atitude mental que faz com que alguém se considere precioso ou importante. O autoapreço é considerado o principal objeto a ser abandonado pelos Bodhisattvas. Consultar *Compaixão Universal* e *Contemplações Significativas*.

Base de imputação Todos os fenômenos são imputados, ou designados, sobre suas partes. Por essa razão, qualquer uma das partes individuais ou a coleção completa das partes de qualquer fenômeno é a sua base de imputação, ou base de designação. Um fenômeno é imputado pela mente na dependência da base de imputação do fenômeno que aparece à mente. Consultar *Novo Coração de Sabedoria*.

Bênçãos Transformação da nossa mente de um estado negativo para um estado positivo, de um estado infeliz para um estado feliz, de um estado de fraqueza para um estado de vigor, pela inspiração de seres sagrados, como nosso Guia Espiritual, Budas e Bodhisattvas.

Brahma Deus mundano que reside no primeiro reino da forma. Consultar *Oceano de Néctar.*

Buda Shakyamuni O Buda que é o fundador da religião budista. Consultar *Introdução ao Budismo.*

Canal central Canal principal no centro do corpo, ao longo do qual os chakras, ou rodas-canais, estão localizados. Consultar *Clara-Luz de Êxtase* e *Mahamudra-Tantra.*

Carma coletivo Carma que criamos quando agimos junto com os outros. Aqueles que criam carma em grupo também experienciam seus efeitos em grupo.

Chakra Termo sânscrito para roda-canal. Centro focal de onde os canais secundários saem do canal central. Meditar sobre esses pontos pode fazer os ventos interiores ingressarem no canal central. Consultar *Mahamudra-Tantra* e *Solos e Caminhos Tântricos.*

Chandrakirti (por volta do século VII) Grande erudito budista indiano e mestre de meditação que escreveu, dentre muitos outros livros, o famoso *Guia ao Caminho do Meio*, no qual elucida claramente a visão da escola Madhyamika-Prasangika de acordo com os ensinamentos de Buda dados nos *Sutras Perfeição de Sabedoria.* Consultar *Oceano de Néctar.*

Chittamatra Escola inferior dentre as duas escolas de princípios filosóficos Mahayana. Chittamatra significa "apenas mente". De acordo com essa escola, todos os fenômenos são da mesma natureza que a mente que os apreende. A escola Chittamatra também afirma que fenômenos dependentes são verdadeiramente existentes mas não existem de modo exterior à mente. Um Chittamatrin é um proponente de princípios filosóficos Chittamatra. Consultar *Contemplações Significativas* e *Oceano de Néctar.*

Clara-luz Mente muito sutil manifesta que percebe a aparência semelhante a um espaço vazio, claro. Consultar *Budismo Moderno*, *Clara-Luz de Êxtase*, *Mahamudra-Tantra* e *Solos e Caminhos Tântricos*.

Contínua-lembrança Fator mental que atua para não esquecer o objeto compreendido pela mente primária. Consultar *Contemplações Significativas* e *Como Entender a Mente*.

Corpo-Emanação O Corpo-Forma de um Buda que pode ser percebido pelos seres comuns. Existem dois tipos – o supremo e o comum. O supremo pode ser visto somente por aqueles que têm carma puro, e o comum pode ser visto por todos. Em geral, os Budas se manifestam sob diferentes formas e, embora algumas dessas emanações tenham o aspecto mundano, em essência, todas as emanações de Buda são seres plenamente iluminados.

Corpos de Buda Um Buda possui quatro corpos: o Corpo-Verdade-Sabedoria, o Corpo-Natureza, o Corpo-de-Deleite e o Corpo-Emanação. O Corpo-Verdade-Sabedoria é a mente onisciente de Buda. O Corpo-Natureza é a vacuidade, ou natureza última, de sua mente. O Corpo-de-Deleite é seu Corpo-Forma sutil. O Corpo-Emanação, a partir do qual cada Buda manifesta um número incontável de corpos, são Corpos-Forma densos visíveis aos seres comuns. O Corpo-Verdade-Sabedoria e o Corpo-Natureza estão ambos incluídos no Corpo-Verdade, e o Corpo-de-Deleite e o Corpo-Emanação estão ambos incluídos no Corpo-Forma. Consultar *Caminho Alegre da Boa Fortuna*.

Deidade (*Yidam*, em sânscrito) Ser iluminado tântrico.

Deus (*Deva*, em sânscrito) Um ser do reino dos deuses, o mais elevado dos seis reinos do samsara. Há muitos tipos de deuses: alguns pertencem ao reino do desejo, outros aos reinos da forma e da sem-forma. Consultar *Caminho Alegre da Boa Fortuna*.

Dharmakaya Termo sânscrito que significa o Corpo-Verdade de um Buda.

Dharmakirti (séc. VI/VII) Grande iogue e erudito budista indiano, autor de *Comentário à Cognição Válida*, um comentário ao *Compêndio da Cognição Válida*, escrito por seu Guia Espiritual, Dignaga. Consultar *Como Entender a Mente.*

Discriminação Fator mental cuja função é apreender os sinais particulares de um objeto. Consultar *Como Entender a Mente.*

Emanação Forma animada ou inanimada manifestada pelos Budas ou Bodhisattvas Superiores para beneficiar os outros.

Existência do seu próprio lado Algo existiria do seu próprio lado se sua existência fosse estabelecida do lado do próprio objeto, independente de uma consciência que o apreendesse.

Existência inerente Algo seria inerentemente existente se tivesse existência em si mesmo, independente de outros fenômenos.

Existência verdadeira Algo seria verdadeiramente existente se existisse tal como aparece e pudesse ser encontrado sob investigação.

Faculdade sensorial Um poder interior localizado no exato centro de um órgão sensorial, cuja função é produzir diretamente uma percepção sensorial. Existem cinco faculdades sensoriais, uma para cada tipo de percepção sensorial – a tatil, a visual etc. São também chamadas de "faculdades sensoriais que possuem forma". Consultar *Como Entender a Mente.*

Família Búdica Existem cinco famílias búdicas principais: as famílias Vairochana, Ratnasambhava, Amitabha, Amoghasiddhi e Akshobya. As cinco famílias são os cinco agregados purificados (forma, sensação, discriminação, fatores de composição e consciência, respectivamente) e as cinco excelsas sabedorias (excelsa sabedoria semelhante-a-um-espelho, excelsa sabedoria da igualdade, excelsa sabedoria da análise individual, excelsa sabedoria de realizar atividades e excelsa sabedoria do Dharmadhatu, respectivamente). Consultar *Grande Tesouro de Mérito*.

Fator mental Conhecedor que apreende, principalmente, um atributo particular de um objeto. Há 51 fatores mentais específicos. Cada momento da mente contém em si uma mente primária e vários fatores mentais. Ver *Mente Primária*. Consultar *Como Entender a Mente*.

Geshe Título concedido pelos monastérios kadampa para eruditos udistas realizados. Geshe é uma abreviação de "ge wai she nyem" que, em tibetano, significa literalmente "amigo virtuoso".

Gota indestrutível A gota mais sutil, localizada no coração. Ela é formada a partir da essência das gotas branca e vermelha recebidas de nossos pais na concepção. A gota indestrutível encerra a mente muito sutil e seu vento montado. Essas duas gotas, a vermelha e a branca, não se separam até o momento da morte, quando, então, abrem-se, permitindo que a mente muito sutil e seu vento montado partam para a próxima vida. Consultar *Budismo Moderno*, *Clara-Luz de Êxtase* e *Solos e Caminhos Tântricos*.

Guia do Estilo de Vida do Bodhisattva Texto budista Mahayana clássico, escrito pelo grande iogue e erudito budista indiano Shantideva, que apresenta todas as práticas de um Bodhisattva, desde as primeiras etapas de gerar a bodhichitta até a conclusão da prática das seis perfeições. Para ler a tradução dessa obra, consultar *Guia do Estilo de Vida do Bodhisattva*. Para um comentário completo a esse texto, ler *Contemplações Significativas*.

Heruka Principal Deidade do Tantra-Mãe e a corporificação de êxtase e vacuidade indivisíveis. Ele tem um corpo azul, quatro faces e doze braços e está em abraço com sua consorte, Vajravarahi. Consultar *Budismo Moderno* e *Essência do Vajrayana*.

Hinayana Palavra sânscrita para "pequeno veículo". A meta do Hinayana é atingir apenas a libertação pessoal do sofrimento por meio do completo abandono das delusões. Consultar *Caminho Alegre da Boa Fortuna.*

Iluminação Estado alcançado por alguém que se libertou por completo das duas obstruções, a raiz de todas as falhas. As duas obstruções são: as obstruções à libertação e as obstruções à onisciência. Consultar *Caminho Alegre da Boa Fortuna.*

Imagem genérica O objeto aparecedor para uma mente conceitual. A imagem genérica, ou imagem mental, de um objeto é como o reflexo desse objeto. A mente conceitual conhece seu objeto por meio da aparência da imagem genérica do objeto, mas não por ver o objeto diretamente. Consultar *Novo Coração de Sabedoria* e *Como Entender a Mente.*

Impermanência Fenômenos podem ser permanentes ou impermanentes. Impermanente significa momento a momento, transitório; assim, um fenômeno impermanente é produzido e se desintegra dentro de um instante. Fenômeno impermanente, coisa funcional e produto são sinônimos. Existem dois tipos de impermanência: densa e sutil. A densa é a que se percebe por meio da percepção sensorial comum – por exemplo, o envelhecimento e a morte de um ser senciente. Impermanência sutil é a desintegração de uma coisa funcional que ocorre momento a momento. Consultar *Novo Coração de Sabedoria.*

Iniciação É a porta de entrada para ingressarmos no Tantra. Por meio dela, recebemos bênçãos especiais que curam nosso continuum mental e despertam nossa natureza búdica. Com a iniciação, plantamos as sementes especiais dos quatro corpos de um Buda em nosso continuum.

Ioga Termo usado para várias práticas espirituais que requerem uma visão especial, como, por exemplo, o Guru-ioga e os iogas de comer, dormir, despertar e experimentar néctar. Ioga significa também uma união, tal como a união do tranquilo-permanecer e da visão superior. Consultar *Novo Guia à Terra Dakini*.

Iogue/Ioguine Termos sânscritos normalmente utilizados para se referir a um meditador masculino ou feminino que alcançou a união do tranquilo-permanecer com a visão superior.

Je Tsongkhapa (1357–1419) Je Tsongkhapa foi uma emanação do Buda da Sabedoria Manjushri. Sua aparição no século XIV como um monge e detentor da linhagem da visão pura e de feitos puros, no Tibete, foi profetizada por Buda. Je Tsongkhapa difundiu um Budadharma muito puro por todo o Tibete, mostrando como combinar as práticas de Sutra e de Tantra e como praticar o puro Dharma durante tempos degenerados. Sua tradição ficou conhecida posteriormente como "Gelug" ou "Tradição Ganden". Consultar *Joia-Coração* e *Grande Tesouro de Mérito*.

Kadampa Palavra tibetana na qual "Ka" significa "palavra" e refere-se a todos os ensinamentos de Buda; "dam" refere-se às instruções de Lamrim especiais de Atisha, conhecidas como "etapas do caminho à iluminação"; e "pa" refere-se ao seguidor do Budismo Kadampa que integra todos os ensinamentos de Buda que conhece em sua prática de Lamrim. Ver também *Budismo Kadampa* e *Tradição Kadampa*.

Keajra Termo sânscrito para a Terra Dakini, a Terra Pura de Buda Vajrayogini. Consultar *Novo Guia à Terra Dakini* e *Essência do Vajrayana*.

Khedrubje (1385–1438) Um dos principais discípulos de Je Tsongkhapa. Após o falecimento de Je Tsongkhapa, Khedrubje trabalhou muito para promover a tradição iniciada por ele. Consultar *Grande Tesouro de Mérito*.

Lamrim Termo tibetano que significa literalmente "etapas do caminho". Trata-se de uma apresentação especial de todos os ensinamentos de Buda, fácil de ser compreendida e praticada. Revela todas as etapas do caminho à iluminação. Para um comentário completo, consultar *Caminho Alegre da Boa Fortuna.*

Madhyamika Termo sânscrito que literalmente significa "Caminho do Meio". A mais elevada das duas escolas de princípios filosóficos Mahayana. A visão Madhyamika foi ensinada por Buda nos *Sutras Perfeição de Sabedoria* durante a segunda girada da Roda do Dharma e foi elucidada, posteriormente, por Nagarjuna e seus seguidores. Existem duas divisões dessa escola: Madhyamika-Svatantrika e Madhyamika-Prasangika, sendo esta última a visão última e conclusiva de Buda. Consultar *Contemplações Significativas* e *Oceano de Néctar.*

Mahasiddha Termo sânscrito que significa "grandemente realizado". O termo Mahasiddha é utilizado para se referir a iogues ou ioguines com elevadas aquisições.

Mahayana Termo sânscrito que significa "Grande Veículo", o caminho espiritual à grande iluminação. A meta Mahayana é atingir a Budeidade para o benefício de todos os seres vivos, por meio do completo abandono das delusões e suas marcas. Consultar *Caminho Alegre da Boa Fortuna.*

Manjushri A corporificação da sabedoria de todos os Budas. No tempo de Buda Shakyamuni, Manjushri manifestou-se como um discípulo Bodhisattva a fim de mostrar, aos discípulos de Buda, como ser um perfeito discípulo Mahayana. Consultar *Grande Tesouro de Mérito* e *Joia-Coração.*

Mantra Secreto Sinônimo de Tantra. Os ensinamentos do Mantra Secreto diferem dos ensinamentos de Sutra por revelarem métodos de treinar a mente com o objetivo de trazer o resultado futuro – a Budeidade – para o caminho atual. O Mantra Secreto é o caminho supremo à plena iluminação. O termo "mantra" indica que se trata de uma instrução especial de Buda para proteger a nossa mente das aparências e concepções comuns. Os praticantes do Mantra Secreto superam as aparências e concepções comuns visualizando o seu corpo, ambiente, prazeres e atividades como sendo os de um Buda. O termo "secreto" indica que as práticas devem ser feitas reservadamente e apenas pelos que receberam uma iniciação tântrica. Consultar *Budismo Moderno*, *Novo Guia à Terra Dakini* e *Solos e Caminhos Tântricos*.

Mara Mara é o termo sânscrito para "demônio" e refere-se a tudo o que obstrui a conquista da libertação ou da iluminação. Há quatro tipos principais: o mara das delusões, o mara dos agregados contaminados, o mara da morte descontrolada e os maras Devaputra. Só estes últimos são seres sencientes. O principal mara Devaputra é Ishvara irado, o mais elevado dos deuses do reino do desejo, que mora na Terra Controladora de Emanações. Budas são chamados "Conquistadores" por ter controlado esses quatro tipos de maras. Consultar *Novo Coração de Sabedoria*.

Marcas Existem dois tipos de marca mental: marca de ações e marca de delusões. Toda ação deixa uma marca em nossa consciência mental e essas marcas são potencialidades cármicas para experienciarmos certos efeitos no futuro. As marcas das delusões permanecem mesmo depois das delusões terem sido abandonadas, assim como o cheiro de alho permanece num recipiente mesmo depois do alho ter sido removido. As marcas das delusões são obstruções à onisciência e são completamente abandonadas unicamente pelos Budas.

Meditação Meditação é uma mente que se concentra em um objeto virtuoso, e é também uma ação mental que é a causa principal de paz mental. Existem dois tipos de meditação: meditação analítica e meditação posicionada. Quando usamos nossa imaginação, contínua-lembrança e capacidade de raciocínio para encontrar nosso objeto de meditação, isso é *meditação analítica*. Quando encontramos nosso objeto e o retemos de modo estritamente focado, isso é *meditação posicionada*. Existem diferentes tipos de objeto. Alguns, como a impermanência ou a vacuidade, são objetos apreendidos pela mente. Outros, como amor, compaixãoe renúncia, são estados mentais propriamente ditos. Empenhamo-nos em meditação analítica até que o objeto específico que buscamosapareça de modo claro para a nossa mente ou até que surja o estado mental específico que desejamos gerar. Esse objeto ou estado mental específico é o nosso objeto de meditação posicionada. Consultar *Novo Manual de Meditação.*

Mente Aquilo que é clareza e que conhece. A mente é clareza porque sempre carece de forma e tem o poder de perceber objetos. A mente conhece porque sua função é conhecer ou perceber objetos. Consultar *Como Entender a Mente* e *As Instruções Orais do Mahamudra.*

Mente conceitual Pensamento que apreende seu objeto por meio de uma imagem genérica, ou imagem mental. Consultar *Como Entender a Mente.*

Mente primária Conhecedor que apreende, principalmente, a mera entidade de um objeto. Sinônimo de consciência. Existem seis mentes primárias: consciência visual, consciência auditiva, consciência olfativa, consciência gustativa, consciência tátil e consciência mental. Cada momento da mente contém uma mente primária e vários fatores mentais. Uma mente primária e seus fatores mentais acompanhantes são a mesma entidade, mas atuam (ou funcionam) de maneiras diferentes. Consultar *Como Entender a Mente.*

Mera aparência Todos os fenômenos são meras aparências porque são imputados pela mente na dependência de uma base de imputação adequada aparecer para a mente. A palavra "mera" exclui qualquer possibilidade de existência inerente. Consultar *Oceano de Néctar.*

Mérito Boa fortuna criada por ações virtuosas. É o potencial para aumentar nossas boas qualidades e produzir felicidade.

Milarepa (1040–1123) Um grande meditador budista tibetano e discípulo de Marpa. Ele é celebrado por suas belas canções de realização.

Nagarjuna Grande erudito budista indiano e mestre de meditação que reviveu o Mahayana no primeiro século e que trouxe à luz os ensinamentos sobre os *Sutras Perfeição de Sabedoria*. Consultar *Novo Coração de Sabedoria*.

Naropa (1016-1100) Um Mahasiddha budista indiano. Consultar *Novo Guia à Terra Dakini*.

Natureza búdica A mente muito sutil de um ser senciente e a natureza última dessa mente. Semente búdica, natureza búdica e linhagem búdica são sinônimos. Todos os seres sencientes possuem a natureza búdica e, portanto, têm o potencial para alcançar a Budeidade.

Obstruções à libertação Obstruções que impedem a conquista da libertação. Todas as delusões, como ignorância, apego e raiva, juntamente com suas sementes, são obstruções à libertação. Também chamadas de "obstruções-delusões".

Obstruções à onisciência As marcas das delusões, que impedem uma realização simultânea e direta de todos fenômenos. Só os Budas superaram essas obstruções.

Orgulho divino Orgulho não deludido de alguém que se considera, a si próprio, como uma Deidade e seu ambiente e prazeres como os da Deidade. O orgulho divino é o antídoto às concepções comuns. Consultar *Novo Guia à Terra Dakini*.

Ouvinte Um dos dois tipos de praticante Hinayana. Ouvintes e Realizadores Solitários são ambos Hinayanistas, mas diferem em motivação, comportamento, mérito e sabedoria. Os Realizadores Solitários são superiores aos Ouvintes em todos esses aspectos. Consultar *Oceano de Néctar*.

Percepção errônea Um conhecedor que está equivocado com relação a seu objeto conectado. Consultar *Como Entender a Mente.*

Pratimoksha Termo sânscrito que significa "libertação individual". O voto Pratimoksha é um voto motivado, principalmente, pelo desejo de alcançar a libertação pessoal. Existem oito tipos de votos. Consultar *O Voto Bodhisattva.*

Quatro nobres verdades Verdadeiros sofrimentos, verdadeiras origens, verdadeiras cessações e verdadeiros caminhos. Elas são denominadas "nobres" porque são objetos supremos de meditação. Meditando sobre elas podemos realizar diretamente a verdade última e nos tornar um Ser Superior, ou nobre. Consultar *Caminho Alegre da Boa Fortuna* e *Como Solucionar Nossos Problemas Humanos.*

Realizador Solitário Um dos dois tipos de praticante Hinayana. Ouvintes e Realizadores Solitários são ambos Hinayanistas, mas diferem em motivação, comportamento, mérito e sabedoria. Os Realizadores Solitários são superiores aos Ouvintes em todos esses aspectos. Consultar *Oceano de Néctar.*

Rei chakravatin Um ser extremamente afortunado que acumulou vasta quantidade de mérito e, como resultado, renasceu como um rei cujo domínio se estende pelos quatro continentes ou, pelo menos, por um deles, conforme descrito na cosmologia budista. Atualmente não há reis chakravatin em nosso mundo e ninguém tem domínio completo sobre o nosso continente, Jambudipa. Consultar *Grande Tesouro de Mérito.*

Reino da forma O ambiente dos deuses que possuem forma.

Reino da sem-forma O ambiente dos deuses que não possuem forma.

Reino do desejo O ambiente dos seres-do-inferno, espíritos famintos, animais, humanos, semideuses e dos deuses que desfrutam dos cinco objetos de desejo.

Sadhana Um ritual que é um método para alcançar realizações espirituais. Pode estar associado ao Sutra ou ao Tantra.

Seis perfeições As perfeições de dar, disciplina moral, paciência, esforço, concentração e sabedoria. Denominam-se perfeições porque são motivadas pela bodhichitta. Consultar *Caminho Alegre da Boa Fortuna* e *Contemplações Significativas.*

Semente búdica Ver *Natureza búdica.*

Semente de delusão A semente de uma delusão é o potencial para que essa delusão surja; é sua causa substancial. Até que tenhamos abandonado uma delusão, sua semente permanecerá em nossa mente, mesmo quando a delusão em si não está manifesta. Sementes de delusões só podem ser erradicadas pela sabedoria que realiza a vacuidade diretamente. Consultar *Como Entender a Mente.*

Sensação Fator mental cuja função é experienciar objetos agradáveis, desagradáveis ou neutros. Consultar *Como Entender a Mente.*

Ser comum Qualquer pessoa que não realizou diretamente a vacuidade

Ser sagrado Um ser digno de devoção.

Ser Superior "Arya" em sânscrito. Ser que tem uma realização direta da vacuidade. Há Seres Superiores Hinayana e Seres Superiores Mahayana.

Shantideva (687-763) Importante erudito indiano e mestre de meditação budista. Compôs *Guia do Estilo de Vida do Bodhisattva.* Consultar *Guia do Estilo de Vida do Bodhisattva* e *Contemplações Significativas.*

Sinais de dissolução Sinais internos de que os ventos interiores estão se dissolvendo no canal central. Consultar *Clara-Luz de Êxtase* e *Mahamudra-Tantra.*

Sukhavati Termo sânscrito para "Terra Pura de Êxtase" – a Terra Pura de Buda Amitabha.

Sutras Ensinamentos de Buda que podem ser praticados por qualquer pessoa, sem que seja necessário receber uma iniciação. Abrange os ensinamentos dados nas três giradas da Roda do Dharma.

Sutras Vinaya Sutras em que Buda explica principalmente a prática de disciplina moral e, em particular a disciplina moral Pratimoksha.

Tantra Ver *Mantra Secreto.*

Tantra Ioga Supremo Uma instrução tântrica que contém o método para transformar êxtase sexual no caminho rápido à iluminação. Consultar *Solos e Caminhos Tântricos.*

Tara Buda feminino que é a manifestação do elemento vento de todos os Budas. "Tara" significa "Salvadora". Por ela ser um Buda de Sabedoria e a manifestação do elemento vento completamente purificado, Tara é capaz de nos ajudar velozmente.

Tempos degenerados Período caracterizado pela degradação das atividades espirituais.

Tempo sem início De acordo com a visão de mundo budista, não há um começo para a mente nem para o tempo. Logo, todos os seres sencientes já tiveram incontáveis renascimentos anteriores.

Tranquilo-permanecer Concentração que possui o êxtase especial da maleabilidade física e mental que é alcançada quando completamos as nove permanências mentais. Consultar *Caminho Alegre da Boa Fortuna.*

Três reinos São os três níveis no samsara: o reino do desejo, o reino da forma e o reino da sem-forma. Os seres do reino do desejo têm fortes delusões, os do reino da forma, delusões mais sutis, e os do reino da sem-forma, delusões muito sutis. Ver *Reino do desejo*, *Reino da forma* e *Reino da sem-forma*.

Três treinos superiores Os treinos em disciplina moral, concentração e sabedoria feitos com a motivação de renúncia ou bodhichitta.

Tushita Terra Alegre, em português, e Ganden, em tibetano. A Terra Pura de Buda Maitreya. Je Tsongkhapa e Atisha foram para lá depois de morrer. Consultar *Joia-Coração*.

Vajradhara O fundador do Vajrayana, ou Tantra. Vajradhara aparece diretamente apenas para Bodhisattvas altamente realizados, para os quais dá ensinamentos tântricos. Para beneficiar seres vivos com menos mérito, Vajradhara manifestou-se na forma mais visível de Buda Shakyamuni. Vajradhara também disse que, em tempos degenerados, apareceria sob uma forma comum, como a de um Guia Espiritual. Consultar *Grande Tesouro de Mérito*.

Vajrayogini Deidade feminina do Tantra Ioga Supremo e a corporificação de êxtase e vacuidade indivisíveis. Ela é a mesma natureza que Heruka. Consultar *Novo Guia à Terra Dakini*.

Ventos/Ventos interiores Ventos sutis especiais relacionados à mente e que fluem através dos canais de nosso corpo. Nosso corpo e mente não podem funcionar sem esses ventos. Consultar *Solos e Caminhos Tântricos* e *Clara-Luz de Êxtase*.

Verdade convencional Qualquer outro fenômeno que não a vacuidade. Verdades convencionais são verdadeiras com respeito às mentes dos seres comuns, mas, em realidade, as verdades convencionais são falsas. Consultar *Novo Coração de Sabedoria*.

Visão da coleção transitória Um tipo de agarramento ao em-si de pessoas que se agarra ao próprio eu como sendo um eu inerentemente existente. Consultar *Caminho Alegre da Boa Fortuna*, *Oceano de Néctar* e *Como Entender a Mente*.

Visão errônea Percepção errônea intelectualmente formada que nega a existência de um objeto cuja compreensão é necessária para conquistarmos a libertação ou a iluminação. Um exemplo de visão errônea é negar a existência de seres iluminados, carma ou renascimento. Consultar *Caminho Alegre da Boa Fortuna.*

Visão superior Sabedoria especial que vê seu objeto claramente e é mantida pelo tranquilo-permanecer e por uma maleabilidade especial que é induzida por investigação. Consultar *Caminho Alegre da Boa Fortuna.*

Bibliografia

Venerável Geshe Kelsang Gyatso Rinpoche é um mestre de meditação e erudito altamente respeitado da tradição do Budismo Mahayana fundada por Je Tsongkhapa. Desde sua chegada ao Ocidente, em 1977, Venerável Geshe Kelsang Gyatso Rinpoche tem trabalhado incansavelmente para estabelecer o puro Budadharma no mundo inteiro. Durante esse tempo, deu extensos ensinamentos sobre as principais escrituras mahayana. Esses ensinamentos proporcionam uma apresentação completa das práticas essenciais de Sutra e de Tantra do Budismo Mahayana.

Consulte o *website* da Tharpa para conferir os títulos disponíveis em língua portuguesa.

Livros

Budismo Moderno O caminho da compaixão e sabedoria. (3ª edição, 2015)

Caminho Alegre da Boa Fortuna O completo caminho budista à iluminação. (4ª edição, 2010)

Clara-Luz de Êxtase Um manual de meditação tântrica. (2020)

Como Entender a Mente A natureza e o poder da mente. (edição revista pelo autor, 2014. Edição anterior, com o título *Entender a Mente*, 2002)

Como Solucionar Nossos Problemas Humanos As Quatro Nobres Verdades. (4ª edição, 2012)

Como Transformar a sua Vida Uma jornada de êxtase. (edição revista pelo autor, 2017. Edição anterior, com o título *Transforme sua Vida*, 2014)

Compaixão Universal Soluções inspiradoras para tempos difíceis. (3ª edição, 2007)

Contemplações Significativas Como se tornar um amigo do mundo. (2009)

O Espelho do Dharma, com Adições Como Encontrar o Verdadeiro Significado da Vida Humana. (2019. Edição anterior, com o título *O Espelho do Dharma*, 2018)

Essência do Vajrayana A prática do Tantra Ioga Supremo do mandala de corpo de Heruka. (2017)

Grande Tesouro de Mérito Como confiar num Guia Espiritual. (2013)

Guia do Estilo de Vida do Bodhisattva Como desfrutar uma vida de grande significado e altruísmo. Uma tradução da famosa obra-prima em versos de Shantideva. (2ª edição, 2009)

Introdução ao Budismo Uma explicação do estilo de vida budista. (6ª edição, 2012)

As Instruções Orais do Mahamudra A verdadeira essência dos ensinamentos, de Sutra e de Tantra, de Buda (2016)

Joia-Coração As práticas essenciais do Budismo Kadampa. (2ª edição, 2016)

Mahamudra-Tantra O supremo néctar da Joia-Coração. (2ª edição, 2014)

Novo Coração de Sabedoria Uma explicação do Sutra Coração. (edição revista pelo autor, 2013. Edição anterior, com o título *Coração de Sabedoria*, 2005)

Novo Guia à Terra Dakini A prática do Tantra Ioga Supremo de Buda Vajrayogini. (edição revista pelo autor, 2015. Edição anterior, com o título *Guia à Terra Dakini*, 2001)

Novo Manual de Meditação Meditações para tornar nossa vida feliz e significativa. (3ª edição, 2021)

Novo Oito Passos para a Felicidade O caminho budista da bondade amorosa. (edição revista pelo autor, 2017. Edições anteriores, como *Oito Passos para a Felicidade:* 2013 – também revista pelo autor – e 2007)

Oceano de Néctar A verdadeira natureza de todas as coisas. (2019)

Solos e Caminhos Tântricos Como ingressar, progredir e concluir o Caminho Vajrayana. (2016)

Viver Significativamente, Morrer com Alegria A prática profunda da transferência de consciência. (2007)

O Voto Bodhisattva Um guia prático para ajudar os outros. (3ª edição, 2021)

Sadhanas e outros Livretos

Venerável Geshe Kelsang Gyatso Rinpoche também supervisionou a tradução de uma coleção essencial de sadhanas, ou livretos de oração, para aquisições espirituais. Consulte o *website* da Editora Tharpa para conferir os títulos disponíveis em língua portuguesa.

Caminho de Compaixão para quem Morreu Sadhana de Powa para o benefício dos que morreram.

Caminho de Êxtase A sadhana condensada de autogeração de Vajrayogini.

Caminho para o Paraíso, O A prática de transferência de consciência (Powa) de Arya Tara.

Caminho Rápido ao Grande Êxtase A sadhana extensa de autogeração de Vajrayogini.

Caminho para a Terra Pura Sadhana para o treino em Powa (a transferência de consciência).

As Centenas de Deidades da Terra Alegre de Acordo com o Tantra Ioga Supremo O Guru-Ioga de Je Tsongkhapa como uma Prática Preliminar ao Mahamudra.

Cerimônia de Powa Transferência de consciência de quem morreu.

Cerimônia de Refúgio Mahayana e Cerimônia do Voto Bodhisattva.

Cerimônia do Voto Pratimoksha de uma Pessoa Leiga.

A Confissão Bodhisattva das Quedas Morais A prática de purificação do Sutra Mahayana dos Três Montes Superiores.

Essência da Boa Fortuna Preces das seis práticas preparatórias para a meditação sobre as Etapas do Caminho para a iluminação.

Essência do Vajrayana Sadhana de autogeração do mandala de corpo de Heruka, de acordo com o sistema de mahasiddha Ghantapa.

O Estilo de Vida Kadampa As práticas essenciais do Lamrim Kadam.

Festa de Grande Êxtase Sadhana de autoiniciação de Vajrayogini.

Gota de Néctar Essencial Uma prática especial de jejum e de purificação em associação com Avalokiteshvara de Onze Faces.

Grande Libertação do Pai Preces preliminares para a meditação no Mahamudra em associação com a prática de Heruka.

Grande Libertação da Mãe Preces preliminares para a meditação no Mahamudra em associação com a prática de Vajrayogini.

A Grande Mãe Um método para superar impedimentos e obstáculos pela recitação do *Sutra Essência da Sabedoria* (o *Sutra Coração*).

O Ioga de Avalokiteshvara de Mil Braços Sadhana de autogeração.

O Ioga de Buda Amitayus Um método especial para aumentar tempo de vida, sabedoria e mérito.

O Ioga de Buda Heruka A sadhana essencial de autogeração do mandala de corpo de Heruka & Ioga Condensado em Seis Sessões.

O Ioga de Buda Maitreya Sadhana de autogeração.

O Ioga de Buda Vajrapani Sadhana de autogeração.

Ioga da Dakini A sadhana mediana de autogeração de Vajrayogini.

O Ioga da Grande Mãe Prajnaparamita Sadhana de autogeração.

O Ioga Incomum da Inconceptibilidade A instrução especial sobre como alcançar a Terra Pura de Keajra com este corpo humano.

O Ioga da Mãe Iluminada Arya Tara Sadhana de autogeração.

O Ioga de Tara Branca, Buda de Longa Vida.

Joia-Coração O Guru-Ioga de Je Tsongkhapa, associado à sadhana condensada de seu Protetor do Dharma.

Joia-que-Satisfaz-os-Desejos O Guru-Ioga de Je Tsongkhapa, associado à sadhana de seu Protetor do Dharma.

Libertação da Dor Louvores e pedidos para as Vinte e Uma Taras.

Manual para a Prática Diária dos Votos Bodhisattva e Tântricos.

Meditação e Recitação de Vajrasattva Solitário.

Melodioso Tambor Vitorioso em Todas as Direções O ritual extenso de cumprimento e de renovação de compromissos com o Protetor do Dharma, o grande rei Dorje Shugden, juntamente com Mahakala, Kalarupa, Kalindewi e outros Protetores do Dharma.

Nova Essência do Vajrayana A prática de autogeração do mandala de corpo de Heruka, uma instrução da Linhagem Oral Ganden.

Oferenda ao Guia Espiritual (Lama Chöpa) Uma maneira especial de confiar no nosso Guia Espiritual.

Oferenda Ardente do Mandala de Corpo de Heruka.

Oferenda Ardente de Vajradaka.

Oferenda Ardente de Vajrayogini.

Paraíso de Keajra O comentário essencial à prática do *Ioga Incomum da Inconceptibilidade.*

Pedido ao Sagrado Guia Espiritual Venerável Geshe Kelsang Gyatso, de seus Fiéis Discípulos.

Pedidos ao Senhor de Todas as Linhagens.

Prática Condensada de Buda Amitayus para Longa Vida.

Prece do Buda da Medicina Um método para beneficiar os outros.

Prece Libertadora. Louvor a Buda Shakyamuni.

Preces para Meditação Preces preparatórias breves para meditação.

Preces pela Paz Mundial.

Preces Sinceras Preces para o rito funeral em cremações ou enterros.

Sadhana de Avalokiteshvara Preces e pedidos ao Buda da Compaixão.

Sadhana do Buda da Medicina Um método para obter as aquisições do Buda da Medicina.
O Tantra-Raiz de Heruka e Vajrayogini Capítulos Um e Cinquenta e Um do Tantra-Raiz Condensado de Heruka.
O Texto-Raiz: As Oito Estrofes do Treino da Mente
Tesouro de Sabedoria A sadhana do Venerável Manjushri.
União do Não-Mais-Aprender Sadhana de autoiniciação do mandala de corpo de Heruka.
Vida Pura A prática de tomar e manter os Oito Preceitos Mahayana.
Os Votos e Compromissos do Budismo Kadampa.

Os livros e sadhanas de Venerável Geshe Kelsang Gyatso Rinpoche podem ser adquiridos nos Centros Budistas Kadampa e Centros de Meditação Kadampa e suas filiais. Você também pode adquiri-los diretamente pelo site da Editora Tharpa.

Editora Tharpa (Brasil)
Rua Artur de Azevedo, 1326
Pinheiros
05404-003 São Paulo – SP
Tel: (11) 989595303
Web: www.tharpa.com/br
E-mail: contato.br@tharpa.com

Editora Tharpa (Portugal)
Rua Moinho do Gato, 5
2710-661 – Sintra, Portugal
Tel: 219 231 064
Web: www.tharpa.pt
E-mail: info@tharpa.pt

NKT-IKBU

Programas de Estudo do Budismo Kadampa

O Budismo Kadampa é uma escola do Budismo Mahayana fundada pelo grande mestre budista indiano Atisha (982-1054). Seus seguidores são conhecidos como "Kadampas": "Ka" significa "palavra" e refere-se aos ensinamentos de Buda, e "dam" refere-se às instruções especiais de Lamrim ensinadas por Atisha, conhecidas como "as Etapas do Caminho à iluminação". Integrando o conhecimento dos ensinamentos de Buda com a prática de Lamrim, e incorporando isso em suas vidas diárias, os budistas kadampas são incentivados a usar os ensinamentos de Buda como métodos práticos para transformar atividades diárias em caminho à iluminação. Os grandes Professores Kadampa são famosos não apenas por serem grandes eruditos, mas também por serem praticantes espirituais de imensa pureza e sinceridade.

A linhagem desses ensinamentos, tanto sua transmissão oral como suas bênçãos, foi passada de mestre a discípulo e se espalhou por grande parte da Ásia e, agora, por diversos países do mundo ocidental. Os ensinamentos de Buda, conhecidos como "Dharma", são comparados a uma roda que gira, passando de um país a outro segundo as condições e tendências cármicas de seus habitantes. As formas externas de se apresentar o Budismo podem mudar de acordo com as diferentes culturas e sociedades, mas sua autenticidade essencial é assegurada pela continuidade de uma linhagem ininterrupta de praticantes realizados.

O Budismo Kadampa foi introduzido no Ocidente em 1977 pelo renomado mestre budista Venerável Geshe Kelsang Gyatso Rinpoche. Desde então, ele vem trabalhando incansavelmente para expandir o Budismo Kadampa por todo o mundo, dando extensos ensinamentos, escrevendo textos profundos sobre o Budismo Kadampa e fundando a Nova Tradição Kadampa-União Budista Kadampa Internacional (NKT–IKBU), que hoje congrega mais de mil Centros Budistas e grupos kadampa em todo o mundo. Esses centros oferecem programas de estudo sobre a psicologia e a filosofia budistas, instruções para meditar e retiros para todos os níveis de praticantes. A programação enfatiza a importância de incorporarmos os ensinamentos de Buda na vida diária, de modo que possamos solucionar nossos problemas humanos e propagar paz e felicidade duradouras neste mundo.

O Budismo Kadampa da NKT–IKBU é uma tradição budista totalmente independente e sem filiações políticas. É uma associação de centros budistas e de praticantes que se inspiram no exemplo e nos ensinamentos dos mestres kadampas do passado, conforme a apresentação feita por Venerável Geshe Kelsang Gyatso Rinpoche.

Existem três razões pelas quais precisamos estudar e praticar os ensinamentos de Buda: para desenvolver nossa sabedoria, cultivar um bom coração e manter a paz mental. Se não nos empenharmos em desenvolver nossa sabedoria, sempre permaneceremos ignorantes da verdade última – a verdadeira natureza da realidade. Embora almejemos felicidade, nossa ignorância nos faz cometer ações não virtuosas, a principal causa do nosso sofrimento. Se não cultivarmos um bom coração, nossa motivação egoísta destruirá a harmonia e tudo o que há de bom nos nossos relacionamentos com os outros. Não teremos paz nem chance de obter felicidade pura. Sem paz interior, a paz exterior é impossível. Se não mantivermos um estado mental apaziguado, não conseguiremos ser felizes, mesmo que estejamos desfrutando de condições ideais. Por outro lado, quando nossa mente está em paz, somos felizes ainda que as condições exteriores sejam ruins. Portanto, o desenvolvimento dessas qualidades é da maior importância para nossa felicidade diária.

Venerável Geshe Kelsang Gyatso Rinpoche, ou "Geshe-la", como é carinhosamente chamado por seus discípulos, organizou três programas espirituais especiais para o estudo sistemático e a prática do Budismo Kadampa. Esses programas são especialmente adequados para a vida moderna – o Programa Geral (PG), o Programa Fundamental (PF) e o Programa de Formação de Professores (PFP).

PROGRAMA GERAL

O Programa Geral (PG) oferece uma introdução básica aos ensinamentos, à meditação e à prática budistas, e é ideal para iniciantes. Também inclui alguns ensinamentos e práticas mais avançadas de Sutra e de Tantra.

PROGRAMA FUNDAMENTAL

O Programa Fundamental (PF) oferece uma oportunidade de aprofundar nossa compreensão e experiência do Budismo por meio do estudo sistemático de seis textos:

1. *Caminho Alegre da Boa Fortuna* – um comentário às instruções de Lamrim, as Etapas do Caminho à iluminação, de Atisha.
2. *Compaixão Universal* – um comentário ao *Treino da Mente em Sete Pontos*, do Bodhisattva Chekhawa.
3. *Novo Oito Passos para a Felicidade* – um comentário às *Oito Estrofes do Treino da Mente*, do Bodhisattva Langri Tangpa.
4. *Novo Coração de Sabedoria* – um comentário ao *Sutra Coração.*
5. *Contemplações Significativas* – um comentário ao Guia do Estilo de Vida do Bodhisattva, escrito pelo Venerável Shantideva.

6. *Como Entender a Mente* – uma explicação detalhada da mente, com base nos trabalhos dos eruditos budistas Dharmakirti e Dignaga.

Os benefícios de estudar e de praticar estes textos são:

(1) *Caminho Alegre da Boa Fortuna* – obtemos a habilidade de colocar em prática todos os ensinamentos de Buda: de Sutra e de Tantra. Podemos facilmente fazer progressos e concluir as etapas do caminho à felicidade suprema da iluminação. Do ponto de vista prático, o Lamrim é o corpo principal dos ensinamentos de Buda, e todos os demais ensinamentos são como seus membros.

(2) e (3) *Compaixão Universal* e *Novo Oito Passos para a Felicidade* – obtemos a habilidade de incorporar os ensinamentos de Buda em nossa vida diária e de solucionar todos os nossos problemas humanos.

(4) *Novo Coração de Sabedoria* – obtemos a realização da natureza última da realidade. Por meio dessa realização, podemos eliminar a ignorância do agarramento ao em-si, que é a raiz de todos os nossos sofrimentos.

(5) *Contemplações Significativas* – transformamos nossas atividades diárias no estilo de vida de um Bodhisattva, tornando significativo cada momento de nossa vida humana.

(6) *Como Entender a Mente* – compreendemos a relação entre nossa mente e seus objetos exteriores. Se entendermos que os objetos dependem da mente subjetiva, poderemos mudar a maneira como esses objetos nos aparecem, por meio de mudar nossa própria mente. Aos poucos, vamos adquirir a habilidade de controlar nossa mente e de solucionar todos os nossos problemas.

PROGRAMA DE FORMAÇÃO DE PROFESSORES

O Programa de Formação de Professores (PFP) foi concebido para as pessoas que desejam treinar para se tornarem autênticos professores de Dharma. Além de concluir o estudo de quatorze textos de Sutra e de Tantra (e que incluem os seis textos acima citados), o estudante deve observar alguns compromissos que dizem respeito ao seu comportamento e estilo de vida e concluir um determinado número de retiros de meditação.

Um Programa Especial de Formação de Professores é também mantido pelo Manjushri Kadampa Meditation Centre, Ulverston, Inglaterra, e pode ser realizado tanto presencialmente como por correspondência. Esse programa especial de estudo e meditação consiste em doze cursos fundamentados nos seguintes livros do Venerável Geshe Kelsang Gyatso Rinpoche: *Como Entender a Mente*; *Budismo Moderno*; *Novo Coração de Sabedoria*; *Solos e Caminhos Tântricos*; *Guia do Estilo de Vida do Bodhisattva*, de Shantideva, e seu comentário – *Contemplações Significativas*; *Oceano de Néctar*; *Novo Guia à Terra Dakini*; *As Instruções Orais do Mahamudra*; *Novo Oito Passos para a Felicidade*; *O Espelho do Dharma com Adições*; *Essência do Vajrayana*; e *Caminho Alegre da Boa Fortuna*.

Todos os Centros Budistas Kadampa são abertos ao público. Anualmente, celebramos festivais em muitos países ao redor do mundo, incluindo dois festivais na Inglaterra, nos quais pessoas do mundo inteiro reúnem-se para receber iniciações e ensinamentos especiais e desfrutar de férias espirituais. Por favor, sinta-se à vontade para nos visitar a qualquer momento!

Para mais informações sobre os programas
de estudo da NKT –IKBU ou para encontrar
o Centro Budista mais próximo de você,
por favor, acesse www.kadampa.org
ou entre em contato com:

NO BRASIL:

Centro de Meditação Kadampa Brasil
www.budismokadampa.org.br

Centro de Meditação Kadampa Mahabodhi
www.meditadoresurbanos.org.br

Centro de Meditação Kadampa Rio de Janeiro
www.meditario.org.br

Centro de Meditação Kadampa Campinas
www.budismocampinas.org.br

EM PORTUGAL:

Centro de Meditação Kadampa Deuachen
www.kadampa.pt

Escritórios da Editora Tharpa no Mundo

Atualmente, os livros da Tharpa são publicados em inglês, alemão, chinês, espanhol, francês, italiano, japonês e português. Os livros na maioria desses idiomas estão disponíveis em qualquer um dos escritórios da Editora Tharpa listados a seguir.

Tharpa UK
Conishead Priory
Ulverston
Cumbria, LA12 9QQ,
Reino Unido
Tel: +44 (0)1229-588599
Web: www.tharpa.com/uk
E-mail: info.uk@tharpa.com

Tharpa Estados Unidos
47 Sweeney Road
Glen Spey NY 12737, EUA
Tel: +1 845-856-5102
Web: www.tharpa.com/us
E-mail: info.us@tharpa.com

Tharpa África do Sul
26 Menston Road, Westville
Durban, 2629, KZN
Rep. da Àfrica do Sul
Tel: +27 (0) 31 266 0096
Web: www.tharpa.com/za
E-mail: info.za@tharpa.com

Tharpa Alemanha
Chausseestraße 108,
10115 Berlim, Alemanha
Tel: +49 (030) 430 55 666
Web: www.tharpa.com/de
E-mail: info.de@tharpa.com

Tharpa Ásia
1st Floor Causeway Tower,
16-22 Causeway Road,
Causeway Bay,
Hong Kong
Tel: +(852) 2507 2237
Web: tharpa.com/hk-en
E-mail: info.asia@tharpa.com

Tharpa Austrália
25 McCarthy Road
Monbulk, VIC 3793
Austrália
Tel: +61 (3) 9756-7203
Web: www.tharpa.com/au
E-mail: info.au@tharpa.com

Tharpa Brasil
Rua Artur de Azevedo, 1326
Pinheiros, 05404-003
São Paulo/SP
Brasil
Tel: +55 (11) 989595303
Web: www.tharpa.com/br
E-mail: contato.br@tharpa.com

Tharpa Canadá (em ingês)
631 Crawford Street
Toronto ON, M6G 3K1
Canadá
Tel: (+1) 416-762-8710
Web: www.tharpa.com/ca
E-mail: info.ca@tharpa.com

Tharpa Canadá (em francês)
835 Laurier est Montréal,
QC,H2J 1G2, Canadá
Tel: (+1) 514-521-1313
Web: tharpa.com/ca-fr/
E-mail: info.ca-fr@tharpa.com

Tharpa Chile
Av. Seminario 589,
Providencia,
Santiago, Chile
Tél: +56 (9) 91297091
Web: tharpa.com/cl
Email: info.cl@tharpa.com

Tharpa Espanha
Calle La Fábrica 8, 28221
Majadahonda, Madrid,
Espanha
Tel.: +34 911 124 914
Web: www.tharpa.com/es
E-mail: info.es@tharpa.com

Tharpa França
Château de Segrais
72220 Saint-Mars-D'outillé,
França
Tél: +33 (0)2 52 36 03 89
Web: tharpa.com/fr
E-mail: info.fr@tharpa.com

Tharpa Japão
KMC Tokyo, Tokyo,
2F Vogue Daikanyama II,
13-4 Daikanyama-cho,
Shibuya-ku, Tóquio,
150-0034, Japão
Web: kadampa.jp
E-mail: info@kadampa.jp

Tharpa México
Enrique Rébsamen nº 406,
Col. Narvate Poniente
Cidade de México,
CDMX, C.P. 03020, México,
Tel: +52 (55) 56 39 61 80
Web: www.tharpa.com/mx
Email: info.mx@tharpa.com

Tharpa Nova Zelândia
2 Stokes Road, Mount Eden,
Auckland 1024, Nova Zelândia
Tel: +64 09 631 5400
Web: tharpa.com/nz
E-mail: info.nz@tharpa.com

Tharpa Portugal
Rua Moinho do Gato, 5
Várzea de Sintra
Sintra, 2710-661 – Portugal
Tel.: +351 219 231 064
Web: tharpa.pt
E-mail: info@tharpa.pt

Tharpa Suécia
c/o KMC Stockholm,
Upplandsgatan 18, 113 60
Estocolmo, Suécia
Tel: +46 (0) 72 251 4090
Email: info.se@tharpa.com

Tharpa Suiça
Mirabellenstrasse 1 CH-8048
Zurique, Suiça
Tel: +41 44 461 36 88
Web: tharpa.com/ch
E-mail: info.ch@tharpa.com

Índice remissivo

A letra "g" indica entrada para o glossário

A

B

C

N

Leituras Recomendadas

Se você apreciou a leitura deste livro e deseja encontrar mais informações sobre o pensamento e a prática budistas, apresentamos outros livros do Venerável Geshe Kelsang Gyatso Rinpoche que você poderá gostar de ler ou ouvir. Eles estão disponíveis pela Editora Tharpa.

COMO TRANSFORMAR A SUA VIDA
Uma Jornada de Êxtase

Um manual prático para a vida diária, que mostra como podemos desenvolver e manter paz interior, reduzir e interromper a experiência de nossos problemas e como podemos promover mudanças positivas nas nossas vidas, que nos permitirão experienciar felicidade profunda e duradoura.

Para uma versão e-book gratuita de *Como Transformar a sua Vida*, acesse o site da Editora Tharpa.

BUDISMO MODERNO
O Caminho de Compaixão e Sabedoria

Ao desenvolver e manter compaixão e sabedoria na vida diária, podemos transformar nossas vidas, melhorar nossos relacionamentos com os outros e ver além das aparências, enxergando o modo como as coisas realmente existem. Dessa maneira, podemos solucionar todos os nossos problemas diários e realizar o verdadeiro sentido da nossa vida humana. Com compaixão e sabedoria, como as duas asas de um pássaro, podemos alcançar rapidamente o mundo iluminado de um Buda.

Você pode baixar gratuitamente o e-book no site da Editora Tharpa.

COMO ENTENDER A MENTE
A Natureza e o Poder da Mente

Este livro oferece um insight profundo sobre a nossa mente e mostra como uma compreensão da sua natureza e de suas funções pode ser utilizada praticamente na nossa experiência diária para melhorar nossa vida.

A primeira parte é um guia prático para desenvolver e manter uma mente leve e positiva, mostrando como identificar e abandonar estados mentais que nos prejudicam e substituí-los por estados mentais pacíficos e benéficos. A segunda parte descreve, em detalhe, diferentes tipos de mente, revelando a extensão e profundidade da compreensão budista sobre a mente. O livro conclui com uma explicação detalhada sobre meditação, mostrando como podemos obter um estado de alegria duradoura através de controlar e transformar nossa mente, independente das condições exteriores.

CAMINHO ALEGRE DA BOA FORTUNA
O Caminho Budista Completo à Iluminação

Todos nós temos o potencial para a autotransformação e uma capacidade ilimitada para o desenvolvimento de boas qualidades, mas para realizar esse potencial precisamos saber o que fazer a cada etapa da nossa jornada espiritual.

Este livro oferece uma explicação detalhada do caminho completo à iluminação, com os ensinamentos de Buda apresentados passo-a-passo, tornando muito fácil para o leitor moderno colocá-los em prática. Um guia perfeito para o caminho budista.

O ESPELHO DO DHARMA, COM ADIÇÕES
Como Encontrar o Verdadeiro Significado da Vida Humana

Este livro proporciona conselhos práticos sobre como podemos solucionar os nossos problemas diários do desejo descontrolado, raiva e ignorância, e como podemos tornar a nossa vida humana significativa. O autor explica, na forma de instruções práticas, o caminho completo à iluminação, com base na sua profunda experiência obtida durante uma vida inteira dedicada à meditação.

AS INSTRUÇÕES ORAIS DO MAHAMUDRA
A Verdadeira Essência dos Ensinamentos, de Sutra e de Tantra, de Buda

Este precioso livro revela a prática incomum do Mahamudra tântrico da Linhagem Oral Ganden, que o autor recebeu diretamente do seu Guia Espiritual, Vajradhara Trijang Rinpoche. Ele explica, clara e conscisamente, todo o caminho espiritual, desde as práticas preliminares iniciais até as etapas de conclusão finais do Tantra Ioga Supremo, que nos permitem alcançar a plena iluminação nesta vida.

NOVO MANUAL DE MEDITAÇÃO
Meditações para Tornar nossa Vida Feliz e Significativa

Este popular e prático manual possibilita-nos descobrir, por nós mesmos, a paz interior e a claridade mental que surgem da meditação. O autor explica, passo a passo, 21 meditações que conduzem a estados mentais cada vez mais benéficos e que, reunidas, formam o caminho budista completo à iluminação.

Para adquirir as nossas publicações, por favor, visite **Tharpa.com** ou entre em contato com a Editora Tharpa mais próxima (para uma lista das Editoras Tharpa em todo o mundo, ver páginas 255–257).

Encontre um Centro de Meditação Kadampa Próximo de Você

Para aprofundar sua compreensão deste livro e de outros livros publicados pela Editora Tharpa, assim como a aplicação desses ensinamentos na vida diária, você pode receber ajuda e inspiração de professores e praticantes qualificados.

As Editoras Tharpa são parte da comunidade espiritual da Nova Tradição Kadampa. Esta tradição possui mais de 1.200 Centros e filiais em mais de 40 países ao redor do mundo. Todos os Centros e suas filiais oferecem aulas de estudo e meditação com base neste e em outros livros sobre Budismo moderno e meditação, ensinados por professores qualificados. Para mais detalhes, consulte *Programas de Estudo do Budismo Kadampa* (ver páginas 249–254).

Essas aulas proporcionam uma oportunidade especial para explorar os temas apresentados nos livros do Venerável Geshe Kelsang Gyatso Rinpoche e foram desenvolvidas para se adequarem confortavelmente ao estilo de vida moderno.

Para encontrar o seu Centro Kadampa local, visite:
tharpa.com/br/centros